I. Kapitel.

Quellen, Methode und Plan der Abhandlung.

§ 1. In den Zeiten, da man in Luzern zuerst die deutsche Sprache in Schriftwerken anwandte, ca. 1250, treffen wir zwei Richtungen neben einander. Die eine hat ein mehr ahdes., die andere ein mhdes. Gepräge. Die erstere verliert sich nach 1300. Die letztere bleibt unter verschiedenen Wandlungen bis zum Anfang des 17. Jahrhunderts Schriftsprache. Unter diesem Datum beginnt das Nhde. einzudringen, es entspinnt sich ein Kampf zwischen beiden, der erst im Anfang des 19. Jahrhunderts zu Gunsten des Nhden. endigt.

§ 2. Meine Aufgabe geht dahin; erstens, die Schrift- oder Kanzleisprache zu schildern, wie sie in Luzern unmittelbar vor dem Eindringen des Nhden. bestand, zweitens, dieses Eindringen des Nhden., seinen Kampf mit der Luzerner Kanzleisprache bis zum endgültigen Sieg chronologisch darzustellen, drittens, den Ursachen dieser Erscheinung nachzugehen, wobei besonders Schule und Bücherdruck zur Sprache kommen müssen, und viertens, dies alles durch eine Reihe passend gewählter Texte zu illustrieren.

§ 3. Ich werde mich folgender Zeichen und Abkürzungen bedienen:

K = die Luzerner Kanzleisprache.

M = die Luzerner Mundart.

NB = die Neunerbücher, § 9.

K 1600 = die Luzerner Kanzleisprache um 1600, unmittelbar vor dem Eindringen des Nhden.

Wo der Zusammenhang spricht, schreibe ich statt K 1600 bloss K.

M 1600 = die Luzerner Mundart um 1600.

Trias = die drei Persönlichkeiten, welche um 1600 die Luzerner Kanzleisprache am besten handhabten, nämlich: Renward Cysat, Niklaus Krus, Rudolf Enders.

StArchiv = das Staatsarchiv Luzern.

BBibliothek = die Bürgerbibliothek Luzern.

Gfd = der Geschichtsfreund.

Für M wende ich die gleiche Transskription an, wie in meinen „Prolegomena“, nämlich: **e**, **o**, **ö** sind die geschlossenen, e, o, ö die offenen Laute. Die Länge der Vokale ist durch Fettdruck angegeben. j ist das konsonantische i in steigenden Diphthongen oder der Übergangslaut. λ das dumpfe grobe l, ñ der gutturale Nasal, -n wird nur gesprochen vor folgendem Vokale. Die andern Zeichen bedürfen keiner Erklärung.

§ 4. Was meine Quellen anbelangt, so habe ich es als absolutes Erforderniss erkannt, keine Drucke, nur Handschriften zu verwenden, denn ich will keine Geschichte der nicht sonderlich wichtigen Luzerner Druckereien schreiben, sondern ich will darstellen, wie Luzerns Bevölkerung die nhde. Schriftsprache aufgenommen hat, und dieses Thema darf Interesse beanspruchen. Und Drucke darf ich nicht verwenden, weil in dem zu behandelnden Zeitraume das Manuskript des Autors und der entsprechende Druck nie kongruent sind.

So schrieb z. B. im Jahre 1584 Renward Cysat im Auftrage der Regierung ein Pestbüchlein. Dieses Manuskript ist noch vorhanden. Es wurde in Freiburg (Schweiz) bei Gemperlin gedruckt. Nun hat Gemperlin nicht genau gedruckt, er hat sogar fremddialektische Elemente einfliessen lassen. Wo z. B. Cysat *spüelen* hat, gibt er *spielen* wieder. Dieser Druck wurde im Jahre 1611 wieder aufgelegt, aber dieses Mal in München. Die Münchner Officin hat überall die einfachen Längen i, u, ü *(Hus)* durch die nhden. Diphthonge

Renward Brandstetter

Die Reception der Neuhochdeutschen Schriftsprache in Stadt und Landschaft Luzern 1600-1830

Verone

Renward Brandstetter

Die Reception der Neuhochdeutschen Schriftsprache in Stadt und Landschaft Luzern 1600-1830

1st Edition | ISBN: 978-9-92500-074-6

Place of Publication: Nikosia, Cyprus

Erscheinungsjahr: 2016

TP Verone Publishing House Ltd.

Nachdruck des Originals von 1891.

Renward Brandstetter

Die Reception der Neuhochdeutschen Schriftsprache in Stadt und Landschaft Luzern 1600-1830

Verone

(Haus) ersetzt. — Wollte ich nun diesen Druck vom Jahre 1611 als Quelle für meine Arbeit benutzen, so würde ich unwissenschaftlich vorgehen, denn dieser Druck ist ein Mischmasch von Luzerner Kanzleisprache, einem fremden Dialekt und älterem Nhd. Auch später, als Luzern selbst eine Druckerei besass, waren die Verhältnisse nicht viel besser, wie folgende Probe aus dem Jahre 1714 zeigt. A ist die Urschrift des Verfassers im StArchiv, B die Kopie davon, welche als Druckmanuskript figurierte und nachher, zerknittert und beschmutzt, durch Zufall wieder in das Archiv kam, C der Druck (StArchiv Fasc. Strassenwesen).

A.

Schultheis vnd rath der statt Lucern.

Vnser gnädig geneigte willen sambt allem guotem zuvor: Ehrsamme Ehrbare besonders Liebe und getreüwe.

Demnach wir Eine Zeithero gewahren müssen, wie das die gemeine landt=straß in unser pottmässigkeit wegen der allzuschweren lästen und fuohren, so wohl zu unseren als etwelcher vnserer get: L: underthanen mercklichen schaden zergenget und verderbt worden, als haben wir aus Oberkeittlicher vorsorg, und hünfftighin derley grossen umkösten vorzusechen, und so vill möglich dennen abzuhelffen, volgente ordnung gestellet:

B.

Schuldtheis vndt Rhat der Statt Lucern.

Unser gnedig geneigten willen sampt allem gueten zuvor: Ehrsamb, Ehrbare, Jnsonders Liebe vndt getreüwe.

Demmenach Wir Eine ZeitHero gewahren Müessen, wie das die gemeine Landt=strassen in vnser Pottmessigkeit wegen den allzuschwähren Lästen vndt Fuohren, so wohl zu vnserem alß ettwelcher vnserer get: lieben vnderthanen merklichem schaden zergenget vndt verderbet worden; allß haben wir auß Oberkeitlicher vorsorg vndt künfftighin derley grossen vmbCösten vorzuseyn vndt so vil möglich denen abzuhellffen, vollgende ordnung gestellet:

C.

Schultheiſs und Raht der Statt Lucern.

Unser gnädig geneigten Willen, sambt allem gutem zuvor: ehrsambe, ehrbare, insonders liebe und getrewe.

DEmnach Wir eine Zeit hero gewahren müssen, wie daſs die gemeine Land=Strassen in Vnser Pottmässigkeit wegen den allzuschwähren Lästen und Fuhren, so wohl zu Vnserem, als etwelcher Vnserer getrewen lieben Vnderthanen merçklichem Schaden zergenget, und verderbt worden; als haben Wir auß Oberkeitlicher Vorsorg und künfftighin derley grossen Vmb=kösten vorzuseyn, und so vil möglich denen abzuhelffen, folgende Ordnung gestellet:

Immerhin war ich in einigen sehr wenigen, speciellen Fällen, aus Gründen, genötigt, auch Drucke herbeizuziehen, z. B. § 76, aber ich zeige es jedes Mal ausdrücklich an. Und auch über Luzernerische Druckereien im Allgemeinen muss ich da und dort einige Bemerkungen machen (wegen § 2).

Ich bin auch nicht in den Fall gekommen, neuere Editionen zu verwenden, nicht dass ich denselben Misstrauen entgegen brächte, sondern aus dem einfachen Grunde, dass unsere einheimische Geschichtsforschung sich bisher fast ausschliesslich der Zeit vor 1600 zugewendet hat.

§ 5. Ich durfte nur solche Quellen verwenden, die von gebürtigen Luzernern verfasst sind. Ich musste deshalb bei jedem Schriftwerk wissen, von welcher Persönlichkeit es geschrieben sei. Nun tragen vielerlei Schriftwerke keine Unterschrift, und wo auch eine solche vorhanden ist, kann man nicht ohne weiteres darauf gehen. Denn man hat nicht selten, aus diesem oder jenem Grund, von den Originalien Kopien genommen und dabei die Unterschrift auch kopiert. Und dabei sind hie und da die Originale verloren gegangen, oder sie sind überhaupt nicht in die Archive gekommen. Es war daher für mich eine unerlässliche Vorarbeit, die Schriftzüge der Persönlichkeiten, deren Schriftwerke ich als Quellen benutzt, kennen zu lernen. Diese Mühe war übrigens nicht allzu gross. Es sind in unseren Archiven genügend Akten vorhanden, die authentische Unterschriften aufweisen, z. B. Schuldscheine, Bürgschaften, etc. Sehr viele ächte, authentische Unterschriften aus den Jahren 1600—1830 finden sich in den „Mannlehenbüchern“, den Fascikeln „Krankheiten unter Menschen, Erziehungswesen, Gewerbe, Aufsicht über Ärzte,“ sämmtliche im StArchiv. Einzig in zwei Fällen habe ich auch Kopien verwendet, im IV. Kapitel, und zwar aus besondern Gründen. Im ersteren Falle wollte ich damit einen Beleg dafür geben, dass um 1551 niemand mehr die reinen Längen schrieb, im andern wollte ich den Unterschied zwischen ländlicher und städtischer Schreibweise dartun. Ich musste auch aus einem andern Grunde in jedem Falle wissen, was ich für eine Persönlichkeit vor mir hatte. Es kommt nämlich für meine Abhandlung auch auf den Stand, die Bildungsstufe des Autors an, siehe unten (§ 8).

§ 6. Ich durfte nur solche Schriftwerke verwenden, die den Stempel absoluter Originalität an sich tragen. Daher musste ich vor allem eine grosse Zahl von Akten ausschliessen, da solche häufig nach Vorlagen gearbeitet sind.

§ 7. Endlich mussten meine Quellen einen bestimmten grössern Umfang haben. Doch gab es auch Fälle, wo Schriftwerke geringern Umfanges brauchbar waren. So beweist mir der Brief des Dekans Mattmann, Kap. IV., obschon er nur ein paar Zeilen umfasst, hinlänglich, was er beweisen soll, nämlich, dass sein Autor das Suffix -*ist* noch nicht aufgegeben hatte.

§ 8. Den Grundstock für meine Untersuchung bildeten die Schriftwerke gebildeter Persönlichkeiten. Es sind das Private aus vornehmeren Familien, die eine bessere Erziehung genossen haben, die regierenden Kreise der Kapitale, höhere Beamte in den Landstädten Sempach, Sursee, Willisau und aus dem Flecken Beromünster, Geistliche und Ärzte. Neben diesem Grundstocke kommen zur Behandlung einerseits Repräsentanten höherer Bildung, bedeutende Staatsmänner wie Melchior Hartmann, Dichter wie Öhen und Krauer,

Gelehrte wie die beiden Lang, Kappeler, Schnyder und Balthassar; und andererseits Vertreter geringerer Bildung, meist Beamte in den ländlichen Kommunen. Auch auf die sprachlichen Verhältnisse bei ganz Ungebildeten werde ich hie und da einen Blick werfen.

§ 9. Von den Quellen, die ich für meine Abhandlung verwendet, bedarf eine noch einer speciellen Schilderung. Es sind das die Neunerbücher. Ich habe diese gewählt, weil sie von 1605 bis 1795 ununterbrochen fortlaufen, also gerade durch die Zeit hindurch, die ich zu behandeln habe. Sie sind somit dienlich, den Stamm für meine Untersuchung zu bilden, um den sich die andern Quellen gruppieren. Die Neunerbücher sind das Protokoll des „hohen inappellabeln“ Gerichtes der Neunmänner, vor welchen leichtere Polizeifälle, Übertretungen der Kleidermandate u. ä. zur Aburteilung kamen. Wie schon bemerkt, beruht ihre Hauptbedeutung für mich darin, dass sie von 1605—1795 ununterbrochen fortlaufen. Wichtige Umstände sind ferner, dass sie immer von gebildeten Männern, häufig von den Unterschreibern der betreffenden Jahre geschrieben wurden, dass sehr viele verschiedene Hände daran tätig waren, und dass der Umfang nicht zu bedeutend ist (1900 Seiten).

§ 10. Ich werde im Verlauf meiner Abhandlung fortwährend auf M Rücksicht nehmen müssen, besonders da K in einem gewissen Abhängigkeitsverhältniss zu derselben steht, siehe § 25. Nun wird im ganzen Kanton die gleiche Mundart gesprochen, mit Ausnahme des Entlebuchs. Schriftwerke aus dem Entlebuch bedürften also einer besonderen Untersuchung. Da mir aber dies zu wenig wichtig erschien, habe ich den Ausweg gewählt, Quellen, von Entlebuchern verfasst, einfach auszuschliessen.

§ 11. Wenn ich unter irgend einem Datum von M spreche, so meine ich natürlich nicht die jetzt lebende M, sondern die jenes Datums. Bisher habe ich allerdings zu einer Geschichte der Luzerner Mundart bloss die Prolegomena verfasst, allein ich habe seither die betreffenden Studien weiter geführt, ich bin daher auch im Stande, in vielen Fällen das Sprachgut von M zu einer bestimmten verflossenen Zeit richtig angeben zu können. Bin ich irgendwo im Zweifel oder weiss ich etwas gar nicht, so melde ich es jedesmal ausdrücklich. Übrigens sei hier bemerkt, dass der Lautstand (und diesem wende ich die Hauptaufmerksamkeit zu) in M sich seit 1600 nur sehr wenig geändert hat.

§ 12. Sämmtliche Texte sind diplomatisch genau abgedruckt. Nur in zwei Hinsichten nehme ich keine Verantwortlichkeit auf mich. Einmal sind bei einigen Autoren, z. B. bei Krauer, einzelne Majuskeln fast gar nicht von den dazu gehörigen Minuskeln verschieden. Daher ist ganz wohl möglich, dass ein anderer Leser z. B. *altar* lesen wird, wo ich *Altar* angenommen habe. Der zweite Punkt betrifft das *uo* und zwar gerade bei der Trias. Das Ringlein auf dem *ů* wird oft ganz nachlässig geschrieben, es fällt fast mit dem Häubchen des *u* zusammen. Bei Renward Cysat und Niklaus Krus sind die beiden Zeichen meist unterscheidbar, und so habe ich denn *uo* gesetzt (ausser hie und da bei der Präposition *zu*) dagegen nicht bei Rudolf Enders, daher schreibe ich in Enders'schen Texten z. B. *gut*, nicht *guot*.

§ 13. Es giebt eine Reihe von Erscheinungen, die man in Abhandlungen, wie die meinige ist, wenig berücksichtigen kann, vergl. von Bahder, Grundlagen des nhden. Lautsystems, Einleitung. Hieher gehört z. B. die Doppelsetzung gewisser Konsonanten, u. ä. Hier herrscht, und zwar nicht nur in Luzern, reine Willkür. Renward Cysat und Niklaus Krus beobachten zwar eine gewisse Mässigung, aber Rudolf Enders treibt die Sache ins Aschgraue, er schreibt willkürlich: *alt, allt, altt, alltt.* Es ist nicht unmöglich, dass er dieses absichtlich getan hat, in der Meinung, damit eine gewisse zierliche Verschnörkelung zu erreichen. — Wenn also ein Schreiber in der Zeit der Trias bald *sy gand,* bald *sy gandt* setzt, so ist das nicht weiter zu beachten, schreibt er aber *sy gant*, so hat er einen direkten Fehler gemacht, denn das Verhältniss von *d (dt)* zu *t* unterliegt in K 1600 bei diesem Verbum bestimmten Regeln.

§ 14. Zum Schluss noch ein paar Worte über die Texte in Kapitel II und IV. Ich habe auch darauf geschaut, solche Textproben zu geben, die inhaltlich, kulturhistorisch ein gewisses Interesse beanspruchen können. Allein in mehreren Fällen waren mir die Normen § 4 und § 6 ein Hinderniss. So durfte ich u. a. von Kappelers wertvollen wissenschaftlichen Abhandlungen nichts bringen, denn sie sind nur noch im Druck vorhanden, da ich aber eine so bedeutende Persönlichkeit nicht übergehen konnte, so musste ich mich begnügen, ein sehr wenig interessantes medizinisches Gutachten von ihm, das aber im Originalmanuskript im StArchiv liegt, aufzunehmen.

§ 15. Noch einige andere Bemerkungen betreff meiner Methode finden sich § 35 und § 57 Ende (wo ich es für nötig gefunden habe, auch das Lebensalter der betreffenden Autoren anzugeben) und § 59 und 60.

§ 16. Ich habe von meiner Methode absichtlich einlässliche Rechenschaft gegeben, denn ich glaube, dass der wissenschaftliche Wert einer Abhandlung nicht nur in den gewonnenen Resultaten liegt, sondern eben auch in der Methode, und es dürfte immerhin einige Bedeutung haben, zu wissen, ob die Kritik die meinige billigt oder nicht, damit fernere ähnliche Arbeiten, mögen sie von mir oder von andern verfasst werden, im klaren seien, wonach sie sich zu richten haben.

II. Kapitel.

Die Luzerner Kanzleisprache um 1600,
unmittelbar vor dem Eindringen des Neuhochdeutschen.

§ 17. In meinen „Prolegomena" habe ich gezeigt, dass wir bei den ältesten in deutscher Sprache abgefassten Schriftwerken Luzerns (ca. 1250) zwei gleichzeitig neben einander laufende Richtungen unterscheiden können. Die eine schreibt in den Endungen volle Vokale, und hat daher ein ahdes. Gepräge, die andere meidet diese vollen Vokale und gleicht ziemlich der normalen mhden. Schriftsprache, wie wir sie in den Klassikerausgaben und Grammatiken vor uns haben. Beide Richtungen, besonders die zweite sind von M, auch wie sie um 1250 in Luzern gesprochen wurde, wesentlich verschieden.

Als Typus der ersteren Richtung diene:

Ein jvcherta an enre chivrza.[1] *Ein helbiv jvcherte ob herren hvges seligen mattvn. Des hoves mattvn dero sint IIII. jvchertvn vnd daz hie gescriben ist dc hort allez an dise mattvn. Ein acher gab herrv vlrich hara der schiezo an dz liecht.* ca. 1280.

Als Typus der zweiten Richtung diene:

Ovch ist der Rat über ein komen. Swenne sich der Schultheisse vnd der Amman zvo dem Rate gesetzend, daz si von dem Rate nüt sollen gan bi der buosse, als der Rat über sich gesetzet hat. Dar zvo svllen si zvo dem Rate komen, swenne man nach inen sendet. ca. 1310.

§ 18. Von 1300 an verliert sich die erstere, ahd. gefärbte Richtung allmälig, und die zweite bleibt fortan Luzerner Kanzleisprache. Sie erhält sich aber nicht unverändert, sondern unterliegt mancherlei Wandlungen. Nach 1400 findet man nur noch selten *slahen*, es heisst jetzt *schlahen*

---

[1]) Flurname.

u. ä. Diese Wandlungen sind, nicht bei allen, aber bei sehr vielen Schreibern, zum grossen Teil der Art, dass man sie als Verschlechterungen bezeichnen muss, und zwar sind hiebei besonders zwei Fälle zu beachten:

A. Luzern hat, wohl aus Gründen innerer Politik, ein paar Mal fremde, auch überrheinische Persönlichkeiten zu dem Amte des Stadtschreibers berufen. Diese brachten die Kanzleisprache ihrer Heimat mit, und da sie in der Kanzlei massgebend waren, so finden wir im 14. und 15. Jahrhundert vielfach Dokumente, von ächten Luzernern verfasst, die doch fremde Schreibungen aufweisen, z. B. *gewesen* statt *gesin*, *Strausse* statt *Strasse*.

B. Wir stossen vielfach auf Luzerner Dokumente, besonders in der ersten Hälfte des 16. Jahrhunderts, welche der M bedeutende Konzessionen machen. Am weitesten hierin geht Zacharias Blätz, Stadtschreiber in der Mitte des Jahrhunderts (übrigens ein geborner Zuger), der z. B. häufig *dfrau*, *smeitlis* statt *die Frau, des Meitlis* schreibt.

§ 19. Anders gestalten sich die Verhältnisse in der Zeit, welche das letzte Viertel des 16. und die ersten Jahre des 17. Jahrhunderts begreift. Es ist das für Luzern eine Periode von verhältnissmässig bedeutender geistiger Regsamkeit, fallen ja in dieselbe die drei prunkvollsten Osterspiele. Renward Cysat (der ältere, § 3), das geistige Haupt dieser Zeit, welcher zwar nicht das höchste aber doch das wichtigste Amt im Luzerner Staatswesen, das eines Stadtschreibers bekleidete (geboren 1545, zum Stadtschreiber ernannt 1575, „Regent" des Osterspieles 1583 und 1597, gestorben 1614), hatte wie für alle Wissenschaften, so auch für Sprachenkunde ein warmes Interesse. Er handhabte das Lateinische, Französische und Italienische trefflich, besass Kenntnisse im Griechischen, legte ein polyglottisches Wörterbuch in mehr als einem Dutzend Sprachen an (Gfd. 42, 266), sammelte ahdc. Personennamen, dichtete Texte für Oster- und Fastnachtsspiele. Neben Renward Cysat treffen wir noch eine Zahl anderer Männer, welche nicht unbedeutende sprachliche Bildung besassen, ich habe hier besonders Niklaus Krus und Rudolf Enders im Auge.

§ 20. Es ist zum vornherein zu erwarten, dass bei solchen Verhältnissen auch für K etwas abfiel, und dem ist wirklich auch so. Wir dürfen sagen, dass K unter Renward Cysat eine gewisse Blüte erreichte. Das Fremdländische und Mundartliche wird ausgemerzt, bei allen Latitüden werden doch bestimmte Regeln stramm gehandhabt.

§ 21. Wir wollen uns daran erinnern, dass diese Blütezeit zugleich die letzte Lebenszeit von K ist, denn unmittelbar nach der Trias beginnt das Eindringen des Nhden.

§ 22. Renward Cysat, der sonst so viel geschrieben, hat seine Orthographieregeln nirgends zusammengestellt, und trotzdem haben wir eine sichere Quelle, dieselben kennen zu lernen: Seine Korrekturen. Begreiflicher Weise hat er nicht alle Regierungserlasse und sonstigen Akten selber verfasst, sondern es war das vielfach Aufgabe des Unterschreibers oder eines sonstigen subalternen Beamten. Dagegen pflegte er diese Konzepte durchzulesen und stilistisch und hie und da auch orthographisch zu korrigieren. So habe ich ein paar Mal getroffen, dass der untergebene Beamte *sy machen* setzte, worauf Renward Cysat noch ein *t* anhängte: *sy machent.* Sogar Niklaus Krus musste sich Renward Cysats Korrekturen gefallen lassen. So schrieb er 1607 (Krus war damals Unterschreiber) das Konzept einer Missive an den Statthalter von Lenzburg (StArchiv, Fasc. Staatsfischenzen), und darin hatte er den Passus: *zuvoor vnd ob wir von üch bericht habent.* Dieses *„ob“* gefiel Renward Cysat nicht, er strich es durch und setzte dafür „ee“.

§ 23. Man war sich in Luzern des Unterschiedes zwischen K und M sehr wohl bewusst. Es gab Fälle, wo man irgend einen mundartlichen Ausdruck setzen musste, z. B. beim Niederschreiben von Kundschaften.[1]) Nun wurde diesen Ausdrücken sehr oft ein *„vulgo, wie man sprichet, wie die scnnen*

[1]) Testimonium, testis.

sagent," beigegeben; z. B. *Vnd hier zwüschen habe der Capplan Ein glas so ongefar ein quart wins gsin In die hendt genommen vnd ihro denselbigen Mutis, wie man spricht, vssgebracht.* 1585.

§ 24. Schreiber ab der Landschaft folgen den nämlichen Normen, wie die der Stadt, nur dass sie dieselben desto unbeholfener handhaben und desto mehr M einfliessen lassen, je weniger gebildet sie sind. Indes treffe ich doch in den ländlichen Kanzleien einige Traditionen, die von der Trias abweichen, ich habe hier namentlich das *üö* § 30 im Auge.

§ 25. K 1600 hat folgende Bestandteile:

A. K hat sehr vieles aus dem Mhden. bewahrt, z. B. die vielfach vorhandenen w, K *seew*, mhd. sê, sêwes. M hat keine solche w.

B. K hat viel Sprachgut, das sich in Anlehnung an M gebildet hat, unter Bewahrung der sonstigen eigenen K Gesetze. So hat M beim Verbum Präs. Plur. für alle drei Personen die Endung-id; K hat nun zwar nicht diese Endung herübergenommen, wohl aber, daran sich lehnend, den ganzen Plural ebenfalls uniformiert: M me läsid, de läsid, si läsid, K *wir lesend, jr lesend, sy lesend* § 35.

C. K hat mancherlei Verhältnisse aus sich selbst heraus gebildet, ohne Anlehnung an das Mhde. oder an M. Hieher gehört z. B. die verschiedene Behandlung der Vorsilben *be* und *ge,* § 31.

Die bisher erwähnten Komponenten sind der Quantität und Qualität nach am wichtigsten.

D. Einige Bestandteile von K sind direkt M. Hieher gehören z. B. die Setzung von *gg,* K *liggen, Lungge;* und die Bezeichnung der Vokaldehnung in Wörtern wie *Faal, Zool, speeren.*[1])

E. K 1600 vermochte nicht alles fremde Sprachmaterial, welches die ausländischen Schreiber eingeführt hatten, aus-

---

[1]) Fall, Zoll, sperren.

zumerzen. So hat sich namentlich das Particip *gewesen* statt *gesin* gehalten, selbst Renward Cysat verwendet es.

F. Endlich enthält K 1600 bereits einige nhde. Brocken, z. B. das Pronomen *derjenige* und das Verbum *harren,* das Renward Cysat nicht selten anwendet.

§ 26. Im folgenden gebe ich eine Übersicht über K 1600. Ich behandle den Gegenstand absichtlich nicht erschöpfend, sondern nur in grossen Zügen, siehe § 59. Eine einlässliche Darstellung von K 1600 wird mir später das Thema einer besondern Abhandlung sein. Das Material ist zum grössten Teil, aber nicht ausschliesslich, den Schriften der Trias entnommen.

Vokalismus.

§ 27. K hat folgende kurzen Vokale: *a; e; i; o; u; ä; ö; ü.* Eine besondere Betrachtung verlangen nur *e* und *ä* (des Zusammenhangs halber behandle ich die Längen gleich mit).

Mhd. ë ergibt *e*, z. B. K *Regen,* seltener, und zwar fast nur bei weniger Gebildeten: *ä,* also: *Rägen.*

Mhd. e ergibt *e,* wenn keine Wortform mit entsprechendem *a* zur Seite steht, z. B. K *reden;* aber *ä,* wenn eine solche Form daneben steht: K *die Hand,* Pl. *die Händ; Kraft, kräftig.*

Mhd. è ergibt *ee,* seltener *e* geschrieben: K *die Seel.*

Mhd. ae ergibt *ä:* K *gnädig; järig*- In Bezug auf die kurzen Vokale gehen K uud M weit auseinander, indem K i, u, ü in e, o, ö gewandelt hat, und zwar schon vor 1600. Ferner ergibt mhd. ë in M fast immer ä, im Gegensatz zu K. Ebenso hat M χraft, χreftig, nicht χräftig.

M hat viele ursprünglichen Kürzen gedehnt, und hier schliesst sich K meist genau an M an, aber nur bei a, e, o und nur, wenn kein zweiter Konsonant folgt. K schreibt also häufig: *Im Faal* im Falle; *Baaren* der Barren, *Naar* der Narr; *zeeren* zerren; *speeren* sperren; weil M bare; tsere hat. Dagegen trifft man nie K *Koorb*, trotz M χorb, und nie *waarm*, trotz M warm.

§ 28. K hat folgende langen Vokale: *a, e, y, o, u, ä, ö, ü*. Die Länge wird immer bezeichnet bei î, indem K dasselbe mit *y* wiedergibt; häufig bei *a, e* und *o* durch Doppelsetzung des Zeichens: K *Straass; Seel.*

Auch hier zeigt M bedeutende Abweichungen: mhd. â ergibt M o, z. B: štross. Ferner ergibt mhd. ae in M bald ä, bald ö: jor, jörli, järig.

Auslautende mhd. î, û, iu hat M (aber nur auf der Landschaft, nicht in der Stadt) diphthongisiert, und zwar ist dieser Wandel zwischen 1500 und 1600 eingetreten: M bou der Bau, aber pur der Bauer.

§ 29. Am meisten Interesse verdient die Behandlung des langen î in K 1600. Hier gelten ganz strikte Regeln, welche die Trias, und mit ihr weitaus die meisten Schreiber um 1600 strenge innehalten. Wenn ein Kanzlist einen Fehler gegen dieses „y Gesetz" macht, so bringt Cysat nicht selten mit eigener Hand die Korrektur an. Folgendes sind die einzelnen Normen dieses „y Gesetzes":

A. Alle î des Mhden. werden K 1600 durch *y* wiedergegeben: K *schryben; Wyn; by.* M sprach und spricht entweder i oder ei: M šribe; blei.

B. Alle i des Mhden. werden durch *i* wiedergegeben: K *binden; blind; Ring.* Als An- und Auslaut steht auch j: K *jnne* eum. M hat e z. B. bende-n.

C. Die drei Possessivpronomen meus, tuus, suus werden geschrieben: K *min, din, sin,* in allen Casus. M hat i oder i, je nach dem Satzton.

D. Beim Verbum esse werden alle Formen mit *y* geschrieben, ausser *sin* und *gesin.* Bei diesen beiden Formen hat M meist i, M si; ksi; selten, vom Satzton bedingt, i.

E. „Sie" wird durch *sy* wiedergegeben. Hier gehen K und M ganz auseinander, da M bei diesem Wort nie si, sondern se (betont) und si (unbetont) spricht.

F. Der mhde. Diphthong ei wird regellos durch *ei* oder *ey* wiedergegeben: K *Meister* oder *Meyster.*

G. K schreibt stets: *-lin; -lich; -in,* nie *-lyn* etc., z. B: K *Güetlin; antwortlichen; silberin.* M hat hier überall kurzen Vokal.

H. Speciell ist zu merken das Wort K *villicht,* M hat hier ebenfalls Kürze.

Es finden sich gar keine Fehler gegen B, E, G und H, sehr wenige gegen A, etwas mehr gegen C und D.

Im Ratsprotokoll 1590, 34a—43b (20 Seiten Folio, 5 verschiedene Hände), kommen bloss folgende Fehler vor:

α. Gegen A 3 Fälle: *dess wins* 36a; *diewill* 40b; *winzüger* 43b.

β. Gegen C 1 Fall: *in syn herberg* 39b. Einen Fehler bei Krus siehe § 54: *synen.*

§ 30. K hat folgende Diphthonge: *au* oder *ou; öu*; *ei*; *uo* oder *ue; üe* oder *üö.* Ein *ai* kennt K nicht. Siehe noch § 32. *ou* ist in K 1600 selten, doch verwendet es gerade Renward Cysat. M 1600 hatte, wie heute, au. Nach der Trias verschwindet *ou.* Was *uo (ue)* und *üe (üö)* anbelangt, so hat die Trias und mit ihr die Gebildeten meist *uo*, geschrieben: ů, seltener *ue;* und *üe*, geschrieben *üe,* seltener ů̈, man sehe noch § 62 nach. Nach der Trias wird *uo* immer mehr durch *ue* verdrängt, und nach 1700 findet man weit überwiegend *ue* und *üe.* Die ländlichen Kreise haben dagegen um 1600 *uo* und *üö* und dies bleibt durchaus allgemein herrschend bis gegen 1800. Diese Erscheinung verdient Beachtung, da sie im Widerspruch steht einerseits mit der Norm der gebildeten Kreise und anderseits mit der M, welche ue und üe hat.

§ 31. Über die Vokale in Ableitungssilben ist etwa folgendes zu merken:

A. Die Vorsilben *ge* und *be* können das *e* elidieren: K *gerecht* oder *grecht.* Bei *ge* sind beide Fälle gleich häufig, bei *be* findet die Elision weit seltener statt. So hat ein Brief in Sachen Viehzählung von Schultheiss Schürpf 1601, der ganz nach den Normen der Trias schreibt, 11 Mal *ge* neben 9 Mal *g*, und 9 Mal *be* aber kein einziges *b*. M wirft bei *be* und *ge* das *e* immer aus.

B. In Ableitungssilben mit l hat der Vokal die Stellung, wie folgende Beispiele zeigen: K *wir wandlent; die Nadlen* (Sg. und Pl.); *die Sigel*, *der Siglen*. Es stimmt das zu M.

C. Bei Ableitungen mit r schreibt K z. B. *wanderen* oder *wandern,* selten *wandren,* M hat den ersten dieser drei Fälle.

Konsonantismus.

§ 32. K hat sehr viele *w:*

A. Nach *a; o; u; ö; ü:*

a. K *Grüwel* der Greuel; *getrüw* treu; *Buw, buwen*, der Bau, bauen; *Ruow* die Ruhe.

b. *blaw* neben *blau*, selten *blauw; höw* neben *höu,* selten *höuw;* Cysat *frow* neben *frou,* selten *frouw.* Nach der Trias wird *aw* etc. allmälig verdrängt, im 18. Jahrhundert findet sich nur noch *auw* oder *au.*

B. Selten nach andern Vokalen: K *Seew,* neben *See,* der See.

C. Häufig zwischen langem *u* oder *ü* und folgendem *r:* K *Puwr* oder *Pur* der Bauer; *suwr* sauer; *Füwr* das Feuer; *stüwren* steuern.

M duldet kein w als In- oder Auslaut: ebig ewig; grueje mhd. und K 1600 ruowen.

§ 33. Es ist noch einiges über die Explosiven zu bemerken.

A. Während das Mhde. gleichmässig kranc und linc schreibt, unterscheidet die Luzerner Mundart in diesen und vielen andern Wörtern die auslautende Gutturalis; im ersten Falle hat sie die Affrikata: M χrañkχ, im zweiten die Tenuis leñk. Die Trias und mit ihr der grössere Teil der Gebildeten schliessen sich der Mundart an: Die Affrikata geben sie durch *k* oder *ck*, die Tenuis durch *gg* oder *gk:* K *lingg* oder *lingk; Apothegk; leggen.*

B. Vor *-lich* steht meist die Tenuis: K *lieplich* neben *lieb; eitlich* neben *Eid* oder *Eidt; füegklich* neben *füegen.*

Ableitungssilben.

§ 34. Über Ableitungssilben ist für meine Zwecke nur folgendes zu erwähnen:

A. K hat kein *-niß* sondern immer dafür *-nuß:* K *Zügnuß; Bildtnuß; Versumnuß.*

B. Das Deminutivsuffix heisst *-lin, -li* oder *-le.*

C. Während bis 1560 die Endung *-ost* noch oft figuriert, findet sich in der Zeit der Trias nur *-ist* oder *-st:* K *dryßigist* oder *dryßigst.*

Verbum.

§ 35. Vom Verbum behandle ich für meine Zwecke nur das Präsens und die Participien und Infinitive. Ich halte mich nicht an die Klassificierung der mhden. Grammatik, sondern ordne nach Gesichtspunkten, die in meinem Stoffe selber gelegen sind. Hier sei gleich bemerkt, dass alle 3 Personen des Plurals die gleiche Endung haben.

§ 36. Das Präsens:

A. Erste Klasse: Einsilbige Formen:

Ich gan,
Du gast,
Er gat, gadt,
Pl. *gand;* seltener *gandt.*

B. Zweite Klasse: Mehrsilbige Formen:

α. Gewöhnliche Art:

αα. *Ich find, finden; ich mach, machen,*
Du findst, findest; machst, machest,
Er findt, findet; macht, machet,
Pl. *findend, findent, findendt; machend,* etc.

ββ. *Ich grab, graben,*
Du grabst, grabest,
Er grabt, grabet,
Pl. *grabend, grabent, grabendt.*

γγ. *Ich gib, giben,*
Du gibst, gibest,
Er gibt, gibet,
Pl. *gebend, gebent, gebendt.*

β. Verben mit Ableitungselement l:
Ich wandlen,
Du wandlest,
Er wandlet,
Pl. *wandlend, wandlent, wandlendt.*

γ. Verben mit dem Ableitungselement r:
Ich änder, änd (e) r (e) n,
Du änd (e) r (e) st,
Er änd (e) r (e) t,
Pl. *änd (e) r (e) nd, änd (e) r (e) nt, änd (e) r (e)- ndt.*

δ. Verben mit auslautendem t:
Ich acht, achten,
Du achtst, achtest,
Er acht, achtet,
Pl. *achtend, achtent, achtendt.*

C. Dritte Klasse: Präteritopräsentia:
Ich muoß,
Du muoßt,
Er muoß,
Pl. *müeßen, müeßend, müeßent, müeßendt.*

Anmerkung: Auch der Konj. Präs. Pl. und das Prät. Pl. haben nicht selten *-en*, Cysat: *sonderlich, wo Jr sähen, das man* etc.

§ 37. Infinitive und Participien:

I. Infinitiv: A *gan.* B *finden; machen; graben; geben; wandlen; änd (e) r (e) n; achten;* C *müeßen.*

II. Supin: Ein solches hat nur A: *ze gand* neben *ze gan.* Speziell zu merken *ze synd,* dagegen *sy sind.* In der früheren K hatten es alle Verben, z. B.: K 1400: *ze findende.*

III. Particip Präsens: *gand, gande; findend, findende* etc.

IV. Particip Prät: A *gegangen.* B *gefunden; gemacht, gemachet; gewandlet; geänd(e)r(e)t; geacht, geachtet;* C *müeßen.* Daneben: *gfunden; gmacht;* etc. Vor Explosiven kann *ge* wegbleiben: *gangen; than; bracht;* etc. Speciell merke man: *gewesen* neben *gesin.*

§ 38. Die drei Endungen des Plurals *-end, -ent, -endt* sind gleich häufig, Krus zieht *-ent* vor, Cysat meidet *-endt.* In drei Abhandlungen über die Pest, verfasst von Cysat, 1594—1596 (19+4+13 Seiten Folio) kommen *end* und *ent* gleich oft vor, *endt* figuriert nur ein einziges Mal: *wo sy sehendt.* Folgender Passus von Enders enthält alle 3 Personen des Plurals: *So clagentt wir vnns ab den württen vnnd stuben knechtten, wellche vff die Lanndtschafft lauffend, die kalber zu thür kauffentt, das wir sy dann auch allso kauffen müessen. Bittend üch derohalben, wöllent sollche Brüch abstellen.*

§ 39. M hat für den Plural ebenfalls nur eine Endung, die jedoch von K bedeutend abweicht, nämlich: M -id: me fendid wir finden; de fendid ihr findet; si fendid sie finden. M hat Präs. I. ebenfalls i fend und i fende-n, ersteres aber nur vor Enkliticis. K braucht beide Formen promiscue.

Das Wegbleiben des *ge* vor einer Explosiva ist Nachahmung der M, welche das Präfix in dieser Stellung assimiliert: M broͦte-n braten; proͦte-n gebraten. Die Kürzung K *er acht* ist nicht M, diese hat nur die volle Form: M de aχtet, er achtet.

Das Supin (K *ze gand*) besass M früher ebenfalls, doch war es um 1600 höchst wahrscheinlich schon ausgestorben.

Substantiv.

§ 40. K unterscheidet in jedem Numerus nicht mehr als zwei Kasus:

A. Im Pl. ist stets einerseits Nom. und Akk. und andererseits Gen. und Dat. gleich.

B. Endigt der Gen. Sg. auf *-s,* so sind auf der andern Seite Nom., Dat., Akk. gleich; endigt er auf *-en,* so sind Gen., Dat., Akk. gleich gegenüber dem davon verschiedenen Nom.

C. Viele Wörter sind im ganzen Sg. oder ganzen Pl. unveränderlich, einige auch durch das ganze Paradigma hindurch.

Der Gen. Pl. aller Wörter endet auf *-en*: K *der Güeteren* bonorum; *der Tagen* dierum; *der Kindlinen* infantium. Diese Regel wird so strikte beobachtet, dass ich überhaupt noch keine einzige Ausnahme gefunden. M hatte früher diese Bildung ebenfalls, aber um 1600 nur noch in geringen Resten, die heutzutage noch vermindert sind.

§ 41. I. Gruppe.

A. *Der Dienst; des Diensts; die Dienst; der Diensten.*

B. *Das Crütz; des Crützes, des Crütz; die Crütz; der Crützen.*

C. *Der Schlag; des Schlags; die Schläg; der Schlägen.*

D. *Der Hund; des Hunds; die Hund, Hünd; der Hunden, Hünden.*

E. *Das Sigel; des Sigels; die Sigel; der Siglen.*

Das Fehlen des *e* (K *des Schlags; dem Schlag; die Schläg)* ist M, ebenso der Umlaut von *Hünd.*

§. 42. II. Gruppe.

A. *Das Huon; des Huons; die Hüener; der Hüener(e)n*

B. *Das Kind; des Kinds; die Kind, Kinder; der Kinden, Kind(e)r(e)n.*

[C. *Das Pfand; des Pfands; die Pfand; der Pfanden.*]

M hat auch heutzutage nur wenige Plurale auf -er, es heisst z. B. nur χend, nicht χendr.

§ 43. III. Gruppe.

A. *Der Mensch; des Menschen; die Menschen; der Menschen.*

B. α. *Die Klag; der Klag; die Klagen; der Klagen.*

β. *Die Guardi; der Guardi; die Guardien; der Guardien.*

γ. *Die Erkantnuß; der Erkantnuß; die Erkantnußen; der Erkantnußen.*

C. *Die Zung, Zungen; der Zung, Zungen; die Zungen; der Zungen.*

D. *Die Nadlen,* sehr selten: *die Nadel; der Nadlen,* sehr selten: *der Nadel; die Nadlen, der Nadlen.*

E. *Die Ehe; der Ehe; die Ehen; der Ehen.*

A und B stimmen mit M, bei C und D hat M nur die längere Form. Alle Klassen sind zahlreich, ausgenommen E, nach welcher nur *Ehe* und *Würde* gehen.

§ 44. IV. Gruppe.

A. *Die Kuchi, Kuche, Kuchin, Kuchen; der Kuchi, Kuche, Kuchin, Kuchen; die Kuchinen, Kuchenen; der Kuchinen, Kuchenen.*

B. α. *Die Lengi, Lenge; der Lengi, Lenge; die Lenginen, Lengenen; der Lenginen, Lengenen.*

β. *Die Gestaltsammi, Gestaltsamme; der Gestaltsammi, Gestaltsamme; die Gestaltsamminen, Gestaltsammenen; der Gestaltsamminen, Gestaltsammenen.*

C. *Das Beri,*[1]) *Bere; des Beris; die Beri, Bere; der Berinen, Berenen.*

D. *Das Weißlin,*[2]) *Weißli, Weißle; des Weißlins, Weißlis; die Weißlin, Weißli, Weißle; der Weißlinen, Weißlenen.*

A sind Concreta, B Abstracta, D die Deminutiva. M hat Sg. nur χοχχi; beri, Pl. nur χοχχene-n.

§ 45. V. Gruppe.

Appellativ: *Der Richter; des Richters; die Richter; der Richt(e)r(e)n.*

Würde: *Der Herr Rathsrichter; des Herr(e)n Rathsrichters, Rathsricht(e)r(e)n; dem Herr(e)n Rathsrichter, Rathsricht(e)r(e)n; den Herr(e)n Rathsrichter, Rathsricht(e)r(e)n.*

§ 46. VI. Gruppe: Personennamen.

A. α. *Brand; Brands, Branden; Brand, Branden; Brand, Branden.*

---

[1]) Die Beere. — [2]) Die Waise.

β. Meyer; Meyers, Meyer(e)n; Meyer, Meyer(e)n; Meyer, Meyer(e)n.

B. *Renwardt jm Sand; Renwardts, Renwardten jm Sand; Renwardt, Renwardten jm Sand; Renwardt, Renwardten jm Sand.* Also willkürlich stark oder schwach, M entweder das eine oder das andere.

§ 47. VII. Gruppe: *Wyb vnd Kind (sind da); Wyb vnd Kinden (sich erbarmen); (by) Wyb vnd Kinden; Wyb vnd Kind (widersehen).*

Ähnlich: *Din Lieb vnd Güeti; Nüw vnd Alts zesammen rechnen; Du nüw vnd alter Schelm — nachbar vnd fründtlich; groß vnd dicke Böum.*

§ 48. VIII. Gruppe: Nach *etwas*, seltener nach *vil, was*, können sämmtliche Substantive den Genitiv Sg. auf *-s* bilden. Cysat: *ettwas stryttikeits;* Krus: *was vnruows machent jr?* Indes ist diese von der M beeinflusste Konstruktion in K 1600 noch sehr selten, nimmt aber nach der Trias stetig zu.

Komparation.

§ 49. A. Stammwörter: *dumm; dümmer; dümmst,* seltener: *dümmist.*

B. Mit Ableitungssilben: *gnädig; gnädiger; gnädigist,* seltener: *gnädigst.*

M hat tömmšt, aber knädegišt.

Pronomen.

§ 50. Ich erwähne nur: *er; sin, sinen; jme, jmme; jne, jnne.*

M hat im Dat. und Akk. kein e.

Adverb.

§ 51. K hat sehr viele Adverbien auf *lich -lichen;* z. B. *erstlich, erstlichen; antwortlich, antwortlichen; kürtzlich, kürtzlichen.*

Negation.

§ 52. Non = *nit*, nihil = *nüt*, *nützit*. Die heutige M hat n**e**d und n**ü**d, *nützit* war früher auch M, ob aber noch um 1600, weiss ich noch nicht.

Syntax.

§ 53. Ich erwähne nur den Genitiv nach *etwas, vil, was: etwas Grunds, vil vnruows, was Gefechts?*[1])

§ 54. Im folgenden gebe ich einige Texte von K 1600. Die Verfasser sind Renward Cysat, Rudolf Enders und Niklaus Krus (Die Interpunktion ist von mir).

Von den Züslern oder Füwrigen Mannen, die sich nachts sehen lassent.

Von disem Handel wäre wol vil zeschryben vnd zesagen. Ist ouch ein grosser stryt darumb by ettlichen geleerten, wie jchs dann ettliche malen hab hören disputieren. ettliche haben wöllen, es syen ignes fatui oder mortui todtne füwr vnd nur exhalationes oder vff bläst vß der erden, besonder, wo mans in bergen sicht vnd wöllen lenden[2]*) vff die mathematischen discurs Aristotelis vnd andrer, die von derglychen sachen geschriben. Andere aber halltend es gwüß, vnd dem stimpt der grösser theil zu, das abgestorbner Menschen seelen vnd geister allso Lyden vnd gepyniget werden müessent, Dann ettliche solche füwrige geister den Lebenden Menschen erschinen, da man vßtruckenlich Menschliche figur vnd gstallt eines abgestorbnen vnd schon verjäsnen vßgezeerten Menschen Cörpers sehen können, ettlichen grad vor jren ougen, wöllichs allso ze sehen gsin, alls wann man ein brünnend Liecht oder füwr hinder einer Zeinen*[3]*) hette, dz füwr durch den Lyb, durch*

[1]) Was für ein Skandal?

[2]) Sich stützen auf.

[3]) Mhd. zeine.

die sytten, Rippen, augen, Mund, nasen, vnd oren vßschlahe, vnd wann dann die flammen vergangen, jst das Corpus da Ligen bliben, glussende wie ein abgebrennter stock jn einer Rüttj. Ettlichen Menschen sind sy nachts vff der straß begegnet anfangs wie ein füwrige kugel vor jren füeßen, darnach gächling vffgebrunnen wie ein groß füwr, ettlich haben jn sölchem vffbrünnen vßtruckenlich ein form oder gstallt eins Menschen mitten jn flammen gsehen. Das gemein volck hallt es gentzlich darfür, das die Menschen, so by jrem Leben ettwan jre nächsten oder nachpuwren mit dem Marchen[1]) übervortheilent, nach jrem Tod allso gepyniget werden, vnd an sölchen orten, da der fäl beschehen, wandlen vnd sich sehen Laßen müessent. Darumb man dann ouch bißwylen sicht zwen oder dry gegen ein andern jn vffbrünnendem füwr Louffen vnd anpüttschen, allso dz es ein groß füwr vnd gneisten gibt. ett wan kompt der dritte zwüschen sy anfangs hebt es an mitt einem kleinen glussen glych wie ein blawes Liechtlin, dann so fart es gächling vff vnd gibt ein füwr, wandlet vnd schießt hin vnd wider. war jst es, das nit alle menschen solche ding oder doch vffs wenigst nit so schynbarlich sehen könnent, wie es dann grad mir selbs begegnet, da man mirs gezeigt vnd sonderlich schier ordinarié, wann die nacht am dunckLichisten gsin oder das gestirn ein endrung deß wetters anzeigen wollen. Ich hab es zwar allso jn sinem wert blyben laßen vnd dannocht noch allwegen ettwas zwyffels ghept, bis Letstlich, da jchs überflüssig vnd meer dann gnuog ouch mitt guotter muoß jn die 2 stund lang an ein andren seken können vnd müeßen, vnd allem zwyffel damitt ein end gemacht. Das beschach den 23. Tag Decembris deß 1609ten Jars, da jch mit hohes stands eeren personen diser statt vnd guots namens gesellschafft nachts über vnsern Seew har vom Bürgen nacher über den Triechter[2]) gefaren, Da die schifflüt vns der sachen anfangs verwarnet, Allda sachen wir an dem gelend Horwer

[1]) Marksteine setzen.
[2]) Mitte des Sees.

gerichts am kesten boum [1]) vnd Langensand[1]) dem seew nach erstlich dry oder 4 diser züslern, die mitthin von kleinern glussen zu einem füwr vffgiengent vnd mitt hin vmb einandren schwäbtend, an orten vnd Enden, da keine hüser, noch lüt nachts mit Liechtern wandletend. Besser hinab vnder dem stutz [1]) liessend sich ouch 3 nitt wytt von einandren sehen, mitt glycher bewegung vnd verendrung, da die schifflüt sagtend, das an dem selben ort ouch ein Hagmarch verendret worden wäre, mit dem Zuothuon, dz, wo man den Hag wider an sin statt setzte, dise seelen ze ruowen komen möchten, wie es dann ettliche diser Züßlern den Lebenden allso mitt wincken vnd dütten gezeigt, vnd darnach, da die sachen wider jn das allt gericht, nit meer gesehen worden. Besser vnden sachen wir einen andern, der gächling vffging, vff aller höche deß waldts jn der Birchegk,[1]) da doch jn söllcher wilde vnd ruchen wilden wald weder hüser noch schüwren zefinden, vnd das zum dritten mal. Letstlich noch ein andrer, der erhuob sich vmb Tribschen[1]) am nächsten gegen der statt, der erbran gächling vff mitt dem grösten füwr, meer dann der Andren keiner, vnd so vil man mercken mögen, schwäbte er vff dem Seew, bald fuor er über sich jn den Lufft mit krummem schwung wie die Raßen[2]), bald ließ er sich wider hinab vff den seew und vuor ouch den seew vff über wasser, allwegen der Lingken syten nach obsich, vnd schwang sich sonach, das der strym von sinem glantz bis zu vnserm schiff über dz wasser reicht, das doch vnder zwüschen gar ein grosse wytte war, bald jn einem ougenblick sachend wir jnne über den seew vfffaren, wie ein pfyl vom armbrust an das gelend zu kirsyten,[1]) by ij stund wyt, da er gar schnell anlanget vnd noch lang jn vnserm gesicht bran. Disen dingen wir all mit grossem verwundern zuo gesechen.

Renwardt Cysat.

---

[1]) Namen von Örtlichkeiten.

[2]) In den Osterspielen heissen die feurigen Zungen: *Rasen.*

Myn Frünttlichen gruß vnnd alles gutts zuvor, günstiger lieber Herr gefatter Stattschryber.[1]) Ich kan üch nitt vnberichtt laßen von wägen eines Faßnachttspils, so ein Burgerschafft allhie vff künfftige Herren faßnachtt Zespilen fürgenommen. Ist nütt anders, dann die historia — mir zwyfflett nitt, Ir werdentts geläsen han — von herzog Sigfrid vnnd siner gemachel Genoueua, wie er über meer wider den türcken kriegtt, vnnd wie er jnn sinem Abscheidt sin frauw dem Ritter Golo beuelchtt, wellcher Ritter vnderstatt[2]) jm abwäsen deß fürsten die frauw zu sinem willen zebringen. Alls er aber nütt schafft, verclagtt er die frauwen, wann der fürst heim komptt, das die frauw söllte getödtt werden von wägen deß Eebruchs, so Sy mitt dem koch solltt begangen haben. allso würdt die frauw mitt samptt dem kind von den dieneren, so Sy tödtten söllen, jm walld gelaßen vnnd lettstlichen, nach 6 jaren, so württ die frauw mitt samptt dem kind von dem fürsten vff einem geiägtt widerumb funden; erzelltt die frauw dem fürsten alle sachen, wie es mitt Ihro mitt dem Ritter Golo ergangen vnnd württ Ritter Golo zlettst von sollches lasters wägen mitt 4 Roßen geviertheilltt. sind darinn schöne leeren vnd straffen Eebruchs halb vnnd sonnst schöne manungen, wie Maria Genoueuam jnn sollcher jrer trüebsal stercktt. Das jst der Summarisch jnnhalltt, wie jr dann jnn dem Concept wyttlöuffiger sächen werdentt. trifft allso die Religion vnd andere, vnzüchtige sachen nütt an, wie dann minen gnedigen herren solt fürkommen sin. Bitten üch derhalben, lieber herr gfatter, wöllent min gnädig herren allso berichtten vnnd pitten, das Sy einer Burgerschafft sollches jnn jhrem costen verwilligen vnnd zulaßen wölentt, dann es schon wytt ist kommen, hin vnnd wider so hatt sich ein Burgerschafft meertheils daruff gerüst; so es dann abgschlagen, wurden wir gegen vnnseren nachpuren sonnderlich gegen den Berneren gar vercleinerett werden, man hatt nitt ver meintt, diewyl es nitt ein haupttspill, das man min herren darumb grüeßen sölle, sonnst hette man es nitt vnnd-

---

[1]) Renward Cysat. — [2]) Sich untersteht.

erstanden. Bitten üch, wöllentt üwer best thun vnnd mich laßen, wie noch bißhar fürbeuohlen syn, Dann thun jch vch gott dem allmechtigen beuehlen. Datum willisaw jnn yll[1]) *den 6. February Anno 1597*

v v D.

vnnd gfatter

Rudolff Ennders.

Wir[2]) *Der Schuldtheis vnnd Raath Der Statt Lucern Thuondt Kundt mengklichem mit disem Brieff: Nach dem dann wir vmb vnser Statt beßern nutzes willen dem Edlen vesten wysen vnserem sonders gethrüwen Lieben Raathsfründ Rennward Cysaten die behusung vnsers allten Gerichthuses am Vischmerckt in vnserer meerern Statt gelegen verkaufft, da so habent wir Ime neben söllichem verkauff gnädigklich verners auch bewilliget, vnnd Zuogelaßen, Erstlichen: das Er vnder söllicher Behusung von dem einen bogen bis Zuo dem andern ein gwölb machen laßen, So dann Zuo dem kellerlin, so ietzt in der brottschaal ist, sölle vnnd möge er noch wytter faren vnnd ynschlachen, wie es vnser werckmeister in bysin vnserer vnserer (!) harzuo verordneten Amptslütten vnnd Mitt-räätlien abzeichnet, auch den Platz der Brottschaal Zuo ver-vertigung deß Buws bruchen. Wir habent auch für guott vnnd raathsam funden, auch Inne deßen vermanen laßen, das Er Zuoglych auch einen keller vnder den Platz der Brott-schaal in das erdtrich graben vnnd buwen sölle vnd möge. Vnnd hiemit versprechent wir, Ime von vnser Statt wegen Zuo Obgemelltem gwöllb vnder der behusung in der Brottschaal alle nottwendige Materj Zuogeben vnnd vff die hoofstatt füeren zelaßen; Zuo dem überigen buw aber sonsten gewonliche Bur-ger hillff zethuond; Vorab aber vnser Statt waappen an diser*

---

[1]) In Eile.

[2]) Geschrieben von Niklaus Krus 1606.

Behusung dannen nemmen vnnd schlyßen laßen vnnd das spatium desselbigen durch vnser Statt wercklütt widerumb vermuwren Zelaßen. Lettstlichen habent wir Jme auch vergonnt, das Er das gstein Zuo den gehownen stucken vß vnserem linden-Güttschbruch[1] *nemmen möge, Alles in vrkhundt diß Brieffs, Den wir mit vnser Statt vffgetrucktem Secret Insigel bewartt geben laßen vff Zinstag vor dem heilligen tag Zuo Wienacht A° 1606.*

Ich Niclaus Krus, Vnderschryber der Statt Lucern, Bekenn hiemit: Nach dem dann min Lieber vatter sälig vnnd ich nach synem absterben Den armen Sondersiechen an der Sentj Einen ewigen Gülttbrieff vmb 125 gl. der Statt Lucern wärung hauptguotts wysende vmb vnser Seelen heyl willen vergabet, Den Järlichen Zins davon Ich allwegen Inzögen, vnnd den armen Sondersiechen zuo den 4 hochzyttlichen Festtagen vstheillt; Vnnd diewyl nun die Güllt Im Zürichpiett gstanden, han ich verschaffet, das mir das hauptguott abgelößt worden. Darum dann ich den Brieff hinder H. Sentimeister Leodegarj Meyer dannen genommen; Geloben vnnd versprichen aber hiemit, dises Hauptguott fürderlichen widerum vff guotte vnderpfand vnnd versicherung anzuoleggen, vnnd dann den Brief auch widerum H. Sentimeister widerum (!) zuo überantwortten. Hier zwüschen aber zuo bekandtnuß deßen dise gschrifft mit miner Eignen hand gschriben vnnd vnderschriben Ime H. Sentimeister hinderlegt geben. vff Frytag nach Corporis Christi A° 1599.

Niclaus Krus Vnderschryber.

§ 55. Gar keinen oder doch nur einen minimen Einfluss auf die Gestaltung der Luzerner Schriftsprache während und auch nach der Trias hatten Schule und Bücherdruck:

[1]) Ein Steinbruch.

Luzern hatte nicht nur um 1600, sondern bis ans Ende des 18. Jahrhunderts keine Bildungsanstalt für Lehrer. Es konnte Lehrer sein, wer wollte, der Staat mischte sich nicht drein, nur musste man bei ihm die Erlaubniss zum docieren holen. Es sind mir aus der zweiten Hälfte des 16. Jahrhunderts aus den Regierungsverhandlungen und aus Autographen (StArchiv, Fasc. Erziehungswesen) ein Dutzend Lehrer bekannt, zehn in der Stadt und zwei auf der Landschaft, und dieses sind zum grössten Teil Fremde. Dass diese Lehrer keine Bedeutung für K hatten, dass somit deren Pflege durchaus nur den massgebenden Persönlichkeiten der Kanzlei unterstellt war, beweisen folgende Punkte:

A. Wir haben gesehen, dass während der Zeit der Trias von sämmtlichen gebildeten Persönlichkeiten gewisse Gesetze stramm gehandhabt werden, so das *y*-Gesetz. Nun beobachten aber von den zwölf Schulmeistern nur drei dieses *y*-Gesetz: Johannes Schnyder (Bürger), Kaspar von Linthen (Fremder), Ulrich Meyer (Bürger). Erstere zwei wirkten in der Stadt, Meyer in Ruswil.

B. Drei Schulmeister, nämlich Batt Rippel, Michael Weyer, Lux Müller haben fremd-dialektische Eigenheiten, sie schreiben z. B. *ginstig* statt *günstig*, aber keiner ihrer Schüler, d. h. kein Luzerner während und nach der Zeit der Trias hat solches von ihnen angenommen.

§ 56. Luzern hatte während der Zeit der Trias noch keine Druckerei. Was man officiell oder auf dem Wege der Privatunternehmung drucken lassen wollte, wurde auswärts, meist in Freiburg (Schweiz) und in München gedruckt. Die Freiburger Drucke zeigen eine der Luzerner K ähnliche Sprache, die Münchner sind nhd., oder es sind wenigstens die drei Diphthonge an Stelle der drei einfachen Vokale gesetzt, siehe § 4.

III. Kapitel.

Die Reception der neuhochdeutschen Schriftsprache in Luzern,

von den ersten Anfängen der Bewegung bis zu ihrem völligen Abschluss.

§ 57. Folgendes sind die hauptsächlichsten Quellen, die ich für Kapitel III benützt habe, sie befinden sich zum grössern Teil im StArchiv, zum kleinern in der BBibliothek:

1605—1795 Die Neunerbücher.

1610—1614 Officielle Briefe von sechs Pfarrherren aus sechs verschiedenen Gemeinden des Kantons.[1])

1614—1624 Renward Cysat junior.[2]) Allerlei Akten.

1626—1666 Stadtschreiber Ludwig Hartmann. Allerlei Schriftwerke. Eine Probe siehe § 89.

1637 Kanzlist Wolfgang Pfleger, sorgfältiger Stilist. Allerlei Schriftwerke. Eine Probe siehe § 90.

1645 Schlossvogt Amrhyn, Wikon. Officielle Briefe.

1647—1669 Dokumente von zehn Schreibern von Luzern, Willisau, Sursee, in Sachen Erbe, Schuldforderungen u. ä.

1650—1651 Gardehauptmann Fleckenstein, Rom. Halbofficielle Korrespondenz.

1651 Dr. phil. et med. Öhen. Geistliches Spiel. Eine Probe siehe § 91.

1655 Stadtschreiber Bürlin, Sempach. Akten.

1657 Die Pfarrer Pfyffer, Wangen und Dürler, Eich. Begnadigungsgesuche.

1665—1685 Gutachten in Sachen Erbsangelegenheiten, verfasst von vierzehn niedern Beamten aus elf verschiedenen Gemeinden des Kantons. Die Persönlichkeiten wenig gebildet.

1667 Stadtschreiber Sitzmann, Sempach. Akten.

1668 Pfarrer Schwendimann, Adligenschwil. Officielle Briefe.

---

[1]) Der Raumersparniss wegen unterlasse ich hier und in ähnlichen Fällen die Persönlichkeiten namentlich aufzuführen.

[2]) Wenn nichts anderes angegeben ist, so war die betreffende Persönlichkeit gebildet, und ihr Domicil oder Wirkungskreis war die Stadt Luzern.

1669 Stadtschreiber Cysat, Willisau. Zwei kurze Beglaubigungsschreiben. Siehe § 92.

1669—1675 Gerichtschreiber Sebastian Obertüfer, Rotenburg, nicht sonderlich gebildet. Akten.

1673—1676 Amtschreiber Süess, Ruswil, ordentlich gebildet. Private und officielle Korrespondenz.

1674—1676 Fleckenschreiber An der Allmend, Münster. Allerlei Schriftwerke.

1678 J. Göldlin von Tiefenau. Privatbriefe.

1677—1685 Jodocus Pfyffer, nicht unbedeutender Staatsmann. Allerlei Schriftwerke.

1681 Schlossvogt Von Hertenstein, Wikon. Korrespondenzen.

1682—1694 Melchior Hartmann, geistvoller und scharfblickender Staatsmann. Tagebuch über die Ereignisse von 1682 bis 1694. Eine Probe siehe § 93.

1687—1696 Stadtschreiber Ludwig Meyer. Allerlei Schriftwerke. Eine Probe siehe § 95.

1690—1700 Akten von fünf Kanzlisten in Sachen Flusskorrektion.

1691 Kurze Gesuche von drei niedern Beamten aus dem Surental. Die Persönlichkeiten wenig gebildet. Siehe § 94.

1692—1696 Schultheiss Karl Balthassar, ein bedeutender Kopf. Allerlei Schriftwerke.

1693 Stadtschreiber Franz Melchior Hartmann, Willisau. Allerlei Akten.

1694 Pfarrer Studer, Buttisholz. Ausführlicher Empfehlungsbrief.

1697 Pfarrer Huwiler, Romoos. Private und officielle Korrespondenz.

1699 Pfarrvikar Probstatt, Hohenrain. Bittbrief.

1700—1710 Schreiber Rudolf Spengler, Beromünster. Allerlei Schriftwerke.

1701 Gerichtsbeamter Elmiger, Reiden, ungebildet. Kurzer Brief. Siehe § 96.

1701—1702 Die Bauern auf Morental, ungebildet. Briefe.

1702 Beat Ludwig Gloggner. Bittbrief.

1703 Der Franziskaner Georg Maler. Bittbriefe.

1709 Dr. Karl Niklaus Lang, trefflicher Arzt, bedeutender Naturforscher, feiner Kunstkenner. Bericht über die wunderliche Krankheit in Willisau. Eine Probe davon siehe § 97.

1713 Ignaz Zur Gilgen, Magistratsperson. Akten.

1714 Chirurg Fridlin Keigel, Reiden, mittelmässig gebildet. Korrespondenz.

1715 Schlossherr Feer, Buttisholz. Zwanzig halbofficielle Briefe.

1718 Weibel Gassmann, Eich, wenig gebildet. Officielle Korrespondenz.

1722—1724 Stadtschreiber Sitzmann, Sempach, mittelmässig gebildet. Akten.

1723—1727 Dr. Kappeler, Arzt und bedeutender Naturforscher. Aerztliche Gutachten. Eine Probe davon siehe § 98.

1728 Dr. Göldlin, Sursee. Brief an Kappeler.

1728 Officielle Berichte in Sachen Armen-Enquête aus sämmtlichen Gemeinden der Grafschaft Willisau und des Amtes Ruswil. Die Schreiber einigermassen gebildet.

1729 Weibel Hodel, Ufhusen, wenig gebildet. Officielle Korrespondenz. Eine Probe davon siehe § 99.

1731 Unterschreiber Feer. Akten.

1732 Untervogt Stoll, Pfeffikon, wenig gebildet. Officielle Korrespondenz.

1733—1745 Schultheiss Jost Bernhard Hartmann. Allerlei Schriftwerke.

1738—1740 Unterschreiber Mohr. Allerlei Schriftwerke.

1739 Akten von fünf Schreibern der Kanzlei Luzern, in Sachen Münzen und Masse.

1740—1747 Briefe von acht höhern Beamten.

1742 Schlossvogt Jakob von Sonnenberg, Wikon. Officielle Korrespondenz.

1745 Dr. Beat Franz Maria Lang, Sohn des Karl Niklaus Lang, bedeutender Arzt und feingebildeter Mann. Verschiedene medizinische Abhandlungen, besonders: Bericht über die Viehkrankheit in Schötz. Eine Probe davon siehe § 100.

1748—1750 Stadtschreiber Schwyzer, Willisau. Allerlei Schriftwerke. Eine Probe davon siehe § 101.

1751—1756 Ratschreiber Krus. Allerlei Akten.

1752 Officielle Berichte der Pfarrherren der drei Nachbargemeinden Inwil, Ballwil, Eschenbach.

1752 Weibel Schmid, Knutwil, ungebildet. Officielle Berichte.

1757—1767 Schriften von fünf Kanzlisten in Sachen Viehseuchen.

1760 Stadtschreiber Frener, Sempach und Kanzlist Gilli, ersterer nicht sonderlich gebildet. Ein Aktenstück, siehe § 102.

1763—1766 Gerichtschreiber Pösch, Kriens, ziemlich gebildet. Akten.
1767 Pfarrer Mauriz Zur Gilgen, Ruswil. Privatbriefe.
1771—1800 Felix Balthassar, bekannter Litterat. Allerlei Abhandlungen. Proben davon siehe § 108.
1772 Schultheiss Rüttimann und Seevogt Zur Gilgen, Sempach. Akten in Sachen Sempachersee.
1772 Pfarrer Schnyder, feingebildeter Mann und bedeutender Naturforscher. Kurzer Begriff der helvetischen Geschichte und Erdbeschreibung, II. Teil. Eine Probe davon siehe § 103.
1773 Unterschreiber Pfyffer von Heidegg. Akten.
1773—1779 Franz Xaver Schnyder von Wartensee, Beamter, trefflich gebildet. Allerlei Schriftwerke. Eine Probe davon siehe § 104.
1777—1786 Ratschreiber Amrhyn. Akten.
1777 Berichte von ländlichen Beamten aus verschiedenen Gemeinden des Kantons in Sachen Branntweinenquête.
1780—1784 Kanzlist Felber, sorgfältiger Stilist. Allerlei Schriftwerke.
1780 Gemeindebeamter Jost Stirnimann, Reiden, ziemlich gebildet. Officielle Korrespondenz.
1781 J. von Sonnenberg. Berichte über die Ueberschwemmung des Luternflusses.
1784—1796 Berichte von verschiedenen Zollbeamten des Kantons. Die Schreiber wenig gebildet.
1785—1786 Schlossvogt Segesser von Brunegg, Wikon. Allerlei Schriftwerke.
1786—1792 Kriegsratschreiber Pfyffer vom Wiher. Akten.
1788 Berichte von verschiedenen ländlichen Beamten in Sachen Aufführung der Gendarmen. Die Schreiber nicht sonderlich gebildet.
1795 Dekan Mattmann, Büron. Kurzer Brief, siehe § 106.
1795 Kanzlist Traber. Akten.
1796 Zolleinnehmer Kost, Triengen, wenig gebildet. Kurzer Brief, siehe § 107.
1796 Sekretär des Erziehungsrates Meyer von Schauensee. Schulakten.
1797—1798 Das letzte Turmbuch, mehrere Hände, die Schreiber altertümelnd und dazu nicht sonderlich gebildet.
1797 Berichte in Sachen Civilstand von sämmtlichen Pfarrherren des Kantons.
1800—1810 Allerlei Schriftwerke von zwanzig verschiedenen Per-

sönlichkeiten meist aus der Stadt, die Schreiber in höhern Jahren stehend.

1800—1810 Allerlei Schriftwerke von zwanzig verschiedenen Persönlichkeiten, meist aus der Stadt, die Schreiber in jüngern Jahren stehend.

1800—1830 Allerlei Schriftwerke von ländlichen Beamten, die Schreiber mittelmässig gebildet, meist höhern Alters.

1800—1830 Briefe von Pfarrherren ab der Landschaft, die Persönlichkeiten meist vorgerückten Alters.

1802 Professor Franz Regis Krauer, eine fein gebildete und gelehrte Persönlichkeit, damals in vorgerücktem Alter. Tragödie Hannibal. Eine Probe siehe § 109.

1803 Stadtpfarrer Thaddäus Müller, in der engern Geschichte wohlbekannt, damals in mittlerem Alter. Allerlei Schriftwerke.

1804 Renward Brandstetter von Beromünster, Sekretär des Erziehungsrates, damals in jüngern Jahren stehend. Allerlei Akten. Eine Probe siehe § 110.

§ 58. Bevor wir das Eindringen der nhden. Schriftsprache im Détail betrachten, müssen wir uns folgende allgemeine Punkte merken:

A. Wir treffen bereits in der Zeit der Trias einige wenige nhde. Brocken. So verwenden fast sämmtliche Schreiber, schon von 1550 an, das Pronomen *derjenige* und Gysat braucht hie und da das Verbum *harren*. Man beachte wohl, dass es sich nicht um Aufnahme ganzer Kategorien, sondern nur einiger vereinzelter Ausdrücke handelt. Und diese wurden, wenn ich so sagen darf, unbewusst aufgenommen.

B. Die Behörden haben in dieser Frage keine Stellung genommen. Einzig beim letzten Osterspiel 1616 wird beschlossen, der Text solle in der Landessprache (und das kann nichts anderes heissen, als in der Luzerner Kanzleisprache) abgefasst sein (siehe meine „Regenz bei den Luzerner Osterspielen“ S. 18).

C. Die Schule hat auf die ganze Bewegung kaum irgend welchen Einfluss gehabt, § 55.

D. Aehnlich verhält es sich mit dem Bücherdruck. Luzern besass erst vom Jahre 1636 an eine ständige Druckerei, die

Officin Hautt. Diese waren aus Strassburg gebürtig. Sie drucken sofort völlig nhd., d. h. die Gestaltung des Nhden., wie ich denke, dass sie sie von Strassburg hergebracht. So druckten sie z. B. 1651 das Programm zu einem allegorischen Schauspiel Tragœdia Mundi, und hierin stehen durchweg die drei Diphthonge, während sonst der Verfasser, Dr. Öhen, dieselben noch nicht konsequent setzt, siehe Kapitel IV. Erst spätere Drucke lassen sich etwas von K beeinflussen und lassen etwa einmal ein *Kärtlin, Schriftlin,* etc. entschlüpfen, aber zur Kongruenz zwischen Geschriebenem und Gedrucktem kommt es bis 1800 nicht.

Im folgenden gebe ich drei Proben aus Hautt'schen Drucken, aus den Jahren 1638, 1645, 1651. Der erste hat einen Deutschen zum Autor, der zweite sehr wahrscheinlich einen Luzerner, der dritte den schon erwähnten Dr. Öhen.

Christliche Zuchtschul, durch P. Nicolavm Cvsanvm, Soc. Jesu Theologum, Vom Auctore von Newem vbersehen vnd mit vier Registern gemehrt. Getruckt zu Lucern Durch David Hautt, Im Jahr 1638. — S. 191. *Was ist in Lothringen von den Fürsten betreffend die Würth vnd Gäst verordnet? Daß die Handwercksleut, Taglöhner, Bawren zu keiner Zeit noch keines wegs, sie seyen dann auff Reysen vnd zwo Meilen oder noch mehr von jhrem Heimet, sich in den Gasthäusern jhres oder frembden Dorffs vnd Flecken finden lassen, auff Straff, fürs erstmahl 12 Francken, deren 6 der Würth vnnd die ander 6. der Gast zu bezahlen schuldig.*

Da nun in disem ernewerten Bundtschwur ein Löbliche Statt Lucern sich gegen den Herren Ehrengesandten mit alter Eidgnössischen Catholischer Trew vnd Guthertzigkeit eingestellt, hat sie neben andern Frewd vnd Ehrenfästen auch gebillichet, daß jhr liebe Jugend auß dem Gymnasio der Societet Jesu solte vor den Herren Ehrengesandten vnder wehrender Mahlzeit mit einem kurtzen Spawspiel (!) erscheinen; Zu welchem dann è Sacro Musarum promptuario Fercula Sacra oder, wie man sie jetzund gebräuchlich nennet, Trophæa Sacra, das ist Catholische Schawessen auffgestellt worden, nemblich 18 Ehrensiegzeichen.

Sechste Scen. Judith verweißt vnd strafft Oziam sampt seine Leviten vnnd Aeltiste vmb jhrer Vermessenheit willen vnd daß sie Gott gleichsam wollen Zeit vnd Ziehl vorschreiben, wann er jhnen helffen solle. Sie bekennen vor Gott vnd Judith jhr Sünd vnd Fähler vnnd bitten mit aller Demuht vmb verzeyhung. Judith zeigt Ozia vnnd den Aeltisten an, was sie durch Göttliche Eingebung vorhabens vnnd wie sie verhoffte durch ein sonderbar Stratagema den Feind zuruiniren vnd die Statt von dieser grausamen Belägerung zuerretten.

Die Errichtung dieser Druckerei hat nun auf die Reception des Nhden. kaum irgendwelchen Einfluss gehabt. Sie war nicht gar bedeutend, und man hat von diesem Datum an in Luzern kaum mehr gedruckte Bücher gelesen als vorher. Das erste Auftreten des Nhden. fällt (§ 61) ein paar Jahre vor dieses Datum und mit oder nach demselben findet keine merkbare Steigerung statt.

E. Das Nhde. hatte einen harten und langen Kampf mit K zu bestehen. Bis 1800 treffen wir gar keine luzernerische Persönlichkeit, mag sie noch so gebildet, gelehrt, gereist sein, deren Schriften nicht deutlich erkennbare KElemente aufweisen würden, so vor allem den Genitiv Plural auf -en, *der Tagen, der Gütern.*

F. Die Bewegung ist eine allmälige. Es ist kein Ereignis eingetreten, das dieselbe plötzlich, ruckweise vorwärts gebracht hätte.

G. Die Bewegung ist in den meisten Fällen eine regelmässige, stetig vorwärts schreitende. In einem gewissen Zeitpunkt tritt das nhde. Sprachgut auf, zuerst vereinzelt, es mischen sich Nhd. und K, K verliert kontinuierlich an Terrain, zu einer bestimmten Zeit ist der Sieg des Nhden. komplet. Nur in ganz wenig Fällen ist die Abwicklung unregelmässig, so bei der Negation *nit* § 86.

H. Dieses G ist aber nicht dahin zu verstehen, als ob das gesammte nhde. Sprachmaterial mit einander, unter gleichem Datum in Luzern auftrete, sondern wir treffen hier umgekehrt die grösste Mannigfaltigkeit. Das eine tritt früher auf, das andere später, beim einen wickelt sich der Prozess rascher ab, beim andern langsamer.

I. Die Bewegung gestaltet sich verschieden bei den gebildeten Kreisen der Stadt und den weniger gebildeten Kanzleien der Landschaft, und unter den Gebildeten nehmen Persönlichkeiten von hervorragender Erudition wieder eine Sonderstellung ein. Indessen giebt es Fälle genug, wo in allen drei Kreisen die Abwicklung des Prozesses gleichmässig vor sich geht.

§ 59. Ich habe mir, als ich die Arbeit an die Hand nahm, die Frage gestellt, ob ich das Thema in extenso behandeln, oder nur eine bestimmte Zahl von charakteristischen Fällen, nach bestimmten Grundsätzen gewählt, herausgreifen solle. Da aber Luzern (Stadt und Landschaft) nur einen geringen Teil des deutschen Sprachgebietes ausmacht, und da es litterarisch nie eine sonderliche Rolle gespielt hat, so habe ich mich für das letztere entschieden.

§ 60. Einer dieser Grundsätze ist folgender: Das Eindringen des Nhden. beginnt ungefähr um 1620. Nun ist bekannt, dass das heutige Nhd. und das von 1620 in vielen Punkten nicht identisch sind. Ich habe daher vor allem (wenn auch nicht ausschliesslich) auch darauf gesehen, solche Fälle herauszugreifen, wo das gemeine Nhd. seit jenem Datum stabil geblieben ist. Hieher gehört z. B. Präsens Pl. III.

Das gemeine Nhd. des Jahres 1620 hat da so gut wie heute die Endung *-en* (K 1600 hat *-ent, end, endt.*)

Die drei Längen: y, u, ü.

§ 61. Trias: *schryben, hus, nüw.*

A. Mit der Trias halten sämmtliche officiellen Kreise an diesen Schreibungen fest. Daneben finden sich allerdings in Kreisen, die dem Einfluss der städtischen Kanzlei ferner stehen, schon im ersten Jahrzehnt des 17. Jahrhunderts Spuren des Nhden., so bei zwei von den sechs Pfarrherren ab der Landschaft 1610—1614, der Pfarrer Johannes Schmidt-Root 1609/11 hat sogar die nhden. Diphthonge bereits zur Hälfte. Sogar in der Kanzlei Luzern selber findet sich 1604/06 ein Schreiber, Namens Hans Hofstetter, ein wenig gebildeter Mann, der hie und da *weiter, weib,* auch *baub*[1]) und *Schauh*[1]) schreibt. Er schreibt aber nur ein paar Mal im Turmbuch, z. B. 1604, S. 70 b.

B. Der früheste Fall von Anwendung der nhden. Diphthonge, den ich überhaupt gefunden, ist ein officielles Aktenstück, verfasst von Jacob Baumgartner-Römerschwil (nicht sonderlich gebildet), aus dem Jahre 1596, worin hie und da ein *„mein; Zeit; leiden“* vorkommt.

C. Die drei Diphthonge ei, au, eu sind dasjenige nhde. Sprachgut, das zuerst in Luzern auftritt. Es giebt eine ganze Reihe von Schreibern, welche diese Diphthonge mit einfliessen lassen, daneben aber strikte an K festhalten, der umgekehrte Fall dagegen, dass jemand etwas anderes vom Nhden. angenommen hätte, daneben aber noch nicht die drei Diphthonge schriebe, kommt nicht vor.

D. Bei Gebildeten dauert der Kampf bis zum Anfang des 18. Jahrhunderts, bei weniger gebildeten ländlichen

---

[1]) Die Diphthonge sind hier falsch placiert, vgl. § 96.

Schreibern bis zum Ende desselben. Es giebt aber gewisse bestimmte Nachzügler, bei denen auch die Gebildeten bis gegen 1750 hin an der Schreibung von K festhalten.

Endlich ist zu bemerken, dass bei der Mischung des Alten und des Neuen die einen am *y*-Gesetz festhalten, die andern nicht. Erstere schreiben also: *wyn* oder *wein*, letztere: *win* oder *wein*, andere auch: *win; wyn; wein.*

E. Gang der Entwicklung bei Gebildeten: Renward Cysats Nachfolger im Stadtschreiberamt, sein Sohn Renward Cysat „der Mindere", der nach seines Vaters Tode ein Jahrzehnt lang diese Würde bekleidete, schreibt durchaus noch nach den Regeln von K 1600. Stadtschreiber Hartmann, der 1626 ernannt wurde, hat dagegen hie und da einen Diphthongen, siehe § 89. Kanzlist Pfleger 1637 wendet schon recht viele Diphthonge an. Nach 1640 giebt es keinen Gebildeten mehr, der nicht Diphthonge beimischte, aber ebenso giebt es bis Ende des Jahrhunderts niemand, der nur die Diphthonge schriebe. Die Mischung, die Stadtschreiber Cysat-Willisau 1669, siehe § 92, anwendet, zeigt das Normale für diese Zeit, dagegen bleibt Melchior Hartmann 1682/94, siehe § 93, hinter der Norm zurück. Gegen Ende des Jahrhunderts zeigen Jodocus Pfyffer, Ludwig Meyer und Karl Balthassar bedeutendes Ueberwiegen der Diphthonge: die Norm für diese Zeit. Von 1700—1710 klingt K aus. — In NB sind die Verhältnisse folgender Massen: Der erste Diphthong findet sich 1616: *Neünengericht;* 1617—1626 kein Fall; 1626—1664 Diphthonge vereinzelt; von 1664 an häufiger, von den achtziger Jahren an vorwaltend; 1701 bis 1702 fast nur Diphthonge, die Nachzügler *α* (siehe unten) ausgenommen; 1703 eine Schrift wieder einen Rückfall: die Diphthonge nur zur Hälfte, die andere Hand fast nur Diphthonge. Von 1704 an nur sehr selten mehr ein einfacher Vokal.

F. Gang der Entwicklung bei weniger gebildeten Schreibern ab der Landschaft: Auf der Landschaft treffen wir das erste Auftreten der drei Diphthonge zur gleichen Zeit wie in der Stadt, jedoch bleibt die Zahl derjenigen, die keine Diphthonge anwenden, durch das ganze 17. Jahrhundert hindurch bedeutend. Von den vierzehn Beamten der Jahre 1665/85 schreiben fünf keine, fünf weniger Diphthonge; Karl Lütolf-Egolzwil und Kaspar Suter-Hohenrain halb und halb; Ulrich Peter-Geuensee und Sebastian Buochmann-Rotenburg die Diphthonge vorwiegend. Von den Beamten des Jahres 1728 schreiben vier die einfachen Vokale, vierzehn gemischt, zehn nur Diphthonge. Im Jahre 1777 haben die Hälfte Mischung und die Hälfte nur Diphthonge, keiner mehr bloss einfache Vokale. Dabei ist indes nicht zu übersehen, dass noch 1788 Heinrich Bury-Littau keine Diphthonge hat, siehe § 105. Von den Zollbeamten 1784/96 hat nur noch einer Mischung, die übrigen reine Diphthonge. Indes findet sich auch bei den Beamten-Landschaft nach 1800 noch hie und da vereinzelt ein einfacher Vokal.

G. Die Nachzügler. Es gibt verschiedene Klassen von Nachzüglern, bei denen auch die Gebildeten an den einfachen Vokalen festhalten, wenn sie sonst die Diphthonge schreiben:

α. Hier sind zuerst zu nennen die vier Präpositionen: *us; uf; lut; by.* So schreibt Jodocus Pfyffer 1677/85 weit überwiegend Diphthonge, daneben aber in einem Schriftstück vierzehn *vff* neben zwei *auf.* NB 1701—1702 hat fast nur Diphthonge, daneben aber konsequent *uf, us,* etc. Unterschreiber Mohr 1738/40 hat nicht selten *vf* neben *auf, lut* neben *laut.* Schultheiss Rüttimann-Sempach 1772 schreibt immer *luth.* Von den ländlichen Beamten des Jahres 1777 schreiben die Hälfte nur Diphthonge, aber alle diese weisen diese Nachzügler auf, ein einziger ausgenommen. — Personen von besonders grosser Bildung, wie die beiden Lang, haben diese Nachzügler nicht.

β. Die zwei Titulaturen *Schryber (Stadtschryber,* etc.*)* und *Wysheit (wohlwys,* etc.*).* Bei diesen bleiben die einfachen Vokale bis 1730 herrschend, und auch nachher finden sie sich noch vereinzelt. So unterzeichnet Unterschreiber

Feer 1731 immer mit *Unterschriber;* Beamter Martin Balthassar schreibt 1735 immer *wohl wyße;* ebenso Pfarrer Ostertag-Inwil 1752 *wohlwis;* der letzte mag Pfarrer Zur Gilgen-Ruswil sein, der 1767 noch mehrere Male *wohlwyß* neben *wolweiß* schreibt.

γ. Gewisse provincielle Ausdrücke behalten die einfachen Vokale bei bis auf den heutigen Tag. Es sind dies besonders *Ribe,*[1] *Schliß*[2] und *Ruchbrod,* die man auch heute noch so gedruckt sieht.

δ. Endlich gibt es noch eine Zahl von Ausdrücken, die nichts besonderes an sich haben, bei denen aber doch von vielen, ganz gebildeten Autoren der Lautstand von K festgehalten wird. Es sind das besonders die zwei Verben: *bruchen* und *duren,* und die zwei Substantive: *Fründ* und *Erdrich.* So schreibt Schlossvogt Sonnenberg-Wikon 1742 konsequent *bruchen* und *duren,* Stadtschreiber Schwyzer-Willisau 1748/50 immer *bruchen.* Selbst Lang jr. 1745 schreibt konsequent und oft *Erdrich,* siehe § 100.

ε. Ein fernerer Nachzügler ist auch die Ableitungssilbe *-lin,* siehe § 67.

H. Bis 1680 halten eine Reihe von Schreibern das *y*-Gesetz genau, falls sie nicht den Diphthongen ei schreiben; so Kanzlist Pfleger 1637, siehe § 90; Stadtschreiber Cysat-Willisau 1669, siehe § 92. Andere halten es dagegen nicht, so Melchior Hartmann 1682/94. Manche schreiben wenigstens konsequent *by* und *sy,* so gerade Melchior Hartmann. Die zwei letzten Ausläufer habe ich merkwürdiger Weise am gleichen Ort, in Triengen, aber fast ein halbes Jahrhundert auseinander liegend gefunden. 1748 beobachtet Gerichtschreiber Kost-Triengen das *y*-Gesetz genau, wenn er nicht ei schreibt: *grichtschryber, schryben* neben *schreiben, Augenschyn, blyben.* Und 1796 hat Zolleinnehmer Kost-Triengen noch drei (also eine beweiskräftige Zahl) richtig placierte *y,* siehe § 107.

---

[1]) Hanfreibe. [2]) Niessbrauch einer Wohnung.

Die zwei Diphthonge uo und üe.

§ 62. K 1600: *Buoch, Büecher.* — Zur Bezeichnung des *uo* wechseln auch nach der Trias *uo* und *ů*, dazu gesellt sich bei den Gebildeten bald *ue*, und dieses wird allmälig vorherrschend. *üe* wird nach der Trias durch *üe*, selten durch *ů* wiedergegeben, die ländlichen Kanzleien haben ausschliesslich *üö*. So bildet sich bis nach 1700 eine scharfe Trennung zwischen der Stadt (die Gebildeten, z. B. die Pfarrherren ab der Landschaft, natürlich eingerechnet) und der Landschaft: Die Stadt schreibt *ue* (seltener *uo*) und *üe*, die Landschaft *uo* und *üö*.

Abwicklung des Kampfes zwischen K und Nhd. bei den Gebildeten: Vor 1740 finden sich die einfachen Vokale des Nhden. sehr selten, so z. B. bei einer der Schriften, die zwischen 1730 und 1740 das NB schreiben. Lang sr. 1709 hat die Diphthonge; ebenso Unterschreiber Feer 1731; Schultheiß Hartmann 1733/45; Stadtschreiber Schwyzer 1748/50; Unterschreiber Mohr 1740 hat beides gemischt, z. B. *mit guten Wuehren.* Lang jr. 1745 hat nur die nhden. Formen. Von den Kanzlisten 1757/67 hat keiner ausschliesslich die Diphthonge, zwei haben Mischung, die andern nur *u* und *ü*. Von den drei Pfarrherren des Jahres 1752 haben alle ausschliesslich *u*, Schmidlin-Ballwil und Sigrist-Eschenbach nur *ü*, Ostertag-Inwil *üe* neben *ü*. In NB treffe ich von 1740 bis 1771 Mischung, dann noch bis 1777 vereinzelte Fälle, besonders das Wort *bueß*. Überhaupt klingt *ue* und *üe* zwischen 1770 und 1780 aus; Schnyder von Wartensee schreibt 1773 noch ziemlich viele *ue* und *üe*, 1779 entwischt ihm nur noch hie und da etwa ein *unbefüegt*.

In den ländlichen Kanzleien bleibt K länger herrschend. Von den Gemeindebeamten des Jahres 1788 haben die Hälfte *uo* und *üö*, drei Mischung, neun *u* und *ü*. Bei den Zollbeamten 1784/96 ist K in Minderheit. Nach 1800 haben es die Beamten-Landschaft nur noch sehr selten, z. B. Burri-Malters 1806 hie und da: *genuog*.

Der Diphthong ai.

§ 63. Der Diphthong *ai* wird in Luzern nicht aufgenommen, trotzdem er gerade in süddeutschen Druckereien bekanntlich häufig figuriert. Ich habe ihn nur bei Schlossvogt Amrhyn-Wikon 1645 getroffen: *allain, kain, zaigen, gedailt.*

Die gutturale Fortis.

§ 64. K 1600 *brugk* oder *brugg, lingk* neben *lingg,* sehr selten *bruck, link; liggen,* sehr selten *ligen. gk* verschwindet nach der Mitte des 18. Jahrhunderts, doch treffe ich es noch vereinzelt bei Kriegsratschreiber Pfyffer 1786/92: *bey der brügke* und bei Melchior Burri-Malters 1806, mehrere Male: *ledigklich* — *gg* herrscht bis zu den Zeiten Feers 1715, welcher sehr oft *gg* schreibt, z. B. *liggen, leggen, lingg, Lungge.* Nach dieser Zeit schreiben nur hervorragende Gebildete kein oder fast kein *gg,* so Lang jr. 1745, Pfarrer Schnyder 1772, Felix Balthassar 1771—1800, die andern behalten es bei, jedoch so, dass es im letzten Viertel des 18. Jahrhunderts stetig abnimmt. Besonders viele *gg* schreibt noch Schnyder von Wartensee 1773/79: *leggen, brugg, Glogge* etc., ähnlich die Schreiber des Turmbuches 1797/98. — In NB bis 1771 häufig, zweitletzter Fall 1777: *um Bett-gloggen-Zeit,* letzter 1782: *Brugg* (mehrere Male).

Der Konsonant w.

§ 65. K 1600: *gethrüw, buw; fraw* oder *frauw* neben *frau; füwr, puwr* neben *für, pur,* etc. Die Verhältnisse von K 1600 bleiben unalteriert bis ca. 1750, und zwar gleichermaßen bei Gebildeten wie bei weniger Gebildeten. In *füwr, puwr* bleibt w auch nach der Diphthongisierung: *feuwr.* Von 1700 an findet sich nur noch *frauw* neben *frau,* nicht mehr *fraw.* Der Erste, der nhd., d. h. kein *w* schreibt, ist Lang jr. 1745, siehe § 100. In NB bleiben die Verhältnisse von K 1600 bis 1749; 1749—1771 findet sich nur hie und da ein *w*, 1772—1773 kein Fall, 1774 mehrere Male *frauw* und ein Mal *sträuwe*. Der letzte Fall 1776: *nauwen knecht*. 1772 schreiben Rüttimann und Zur Gilgen-Sempach viele *w*, Pfarrer Schnyder keines (das Wort „*Lauwe*“, siehe § 103, nimmt eine Sonderstellung ein). Schnyder von Wartensee hat 1773 noch viele *w*, 1779 nur noch ganz vereinzelte Fälle. Nach 1780 findet es sich bei Gebildeten nur noch sehr selten, so hat Ratschreiber Amrhyn 1782 ein paar Mal: *Holzhauw*, ebenso Kanzlist Traber 1793 ein paar Mal: *hauwen*. Die Schreiber des Turmbuches 1797/98 haben, trotzdem sie in vielen Punkten altertümeln, kein *w*. Ländliche Schreiber halten dagegen bis 1800 noch vielfach am Sprachgut von K 1600 fest. Nach 1800 bei Gebildeten kein Fall mehr, bei ländlichen Beamten sehr vereinzelt. Burri-Malters 1806: *Bauwholz, vertrauwen*.

Die Lautstellung Konsonant + l + e.

§ 66. K 1600: *Die Nadlen; der Apfel, die Äpfel, der Äpflen; Ich wandlen, wandlete, bin gewandlet*. — K herrscht bis 1770 unumschränkt, so bei den fünf Schreibern des Jahres 1739; Lang jr., 1745, siehe § 100; Stadtschreiber Schwyzer-Willisau 1748/50; den fünf Kanzlisten 1757/67. Nach 1770 halten weniger Gebildete bis 1800 fast ausnahmslos an K fest, Pfarrer Schnyder 1772 und Felix Balthassar 1771—1800 schreiben nur Nhd., die übrigen schwanken. Unterschreiber Pfyffer 1773 schreibt fast nur *doplete Straf, unkluges Handlen;* Schnyder von Wartensee 1773/79 hat K und Nhd. gleichförmig gemischt: *versammlete* und *versammelte;* ebenso 1785/86 Schlossvogt Segesser-Wikon; Sekretär Meyer 1796 hat sehr selten ein *versammlete sich, vermittlest;* bei den Schreibern des Turmbuchs 1797/98 wiegt K vor: *Schlüßlen, handlen*, etc. — In NB bis 1771 nur K; bis 1780 Kampf zwischen K und Nhd.; zweitletzter Fall 1785: *waren versammlet;* letzter 1787: *seine Baas kuplen*. Nach 1800 haben die Jüngern-Stadt nur Nhd., ebenso Krauer

1802 und Thaddäus Müller 1803. Andere Ältere-Stadt, die Beamten-Landschaft und die Pfarrherren-Landschaft, haben noch häufig die Formen von K, aber nur vereinzelt. Pfarrer Moser-Römerschwil 1801: ***tief eingewürzlete Unwißenheit;*** **Pfarrer Brunner-Rotenburg (sehr gebildet) 1814:** ***veredlen, handlen;*** **Statthalter Göldlin-Sursee 1816:** ***sie bettlen, mit Schindlen gedeckt;*** **Pfarrer Brandstetter-Ettiswil 1829:** ***mit allen Mittlen.***

Das Suffix -lin.

§ 67. K 1600: *das Büechlin, Büechli, Büechle.* Diese nicht diphthongisierte Form hält sich alleinherrschend bis ca. 1730, jedoch treffe ich von ca. 1680 an fast nur noch *-li,* nicht mehr *-lin,* oder *-le.* Doch hat Spengler-Beromünster 1700/10 *das Stüblin* neben *das Stübli.* Lang sr. 1709 hat nur *-li: ein püluerli, ein küehliuläpli,* etc.; ebenso Feer-Buttisholz 1715, ferner Schultheiß Hartmann 1733/45, etc. Dagegen hat schon einer, aber nur einer, von den Gemeindebeamten des Jahres 1728 *-lein,* nämlich der von Ostergau, der *Knablein* etc. schreibt. Unterschreiber Mohr 1738/40 und Stadtschreiber Schwyzer-Willisau 1748/50 haben Mischung: *Trukli* neben ***Truklein,*** **siehe § 101. Lang jr. 1745 hat nur** ***-lein.*** In NB findet sich bis 1771 nur die Form von K 1600, mit der Ausnahme, dass der eben erwähnte Mohr Ende der dreissiger Jahre *lein* neben *-li* hat: *ein Bändelein, ein käppli.* Von 1771 ist in NB das Nhde. Meister. Überhaupt wird von 1771 an *-li* immer seltener; Schnyder 1772 und Felix Balthassar 1771/1800 haben *-lein;* 1797 schreibt von sämmtlichen Pfarrherren des Kantons nur noch einer *-li (Mägdli),* und zwar ist dies Pfarrer Unternährer-Hasli, (welcher übrigens, aus dem Entlebuch stammend und dort wirkend, nach § 10 nicht in den Kreis meiner Betrachtung gehört). Am Ende des 18. Jahrhunderts treffe ich kein *-li* mehr, mit folgenden zwei Ausnahmen: Einmal brauchen weniger Gebildete auch in dieser Zeit und nach 1800 noch häufig *-li,* so finde ich im

Turmbuch 1797/98 *Tannli* neben *Tannlein.* Ferner giebt es gewisse provincielle Ausdrücke, welche auch bei Gebildeten *-li* beibehalten. Solche finden sich z. B. im NB auch nach 1771, z. B. 1775 *Spital-Mutschli.*[1] Und auch heute noch findet man, auch im Druck, z. B. bei Zeitungsannoncen, fast nur: *Genterli,*[2] *Wengerli,*[3] *Küechli.* Letzteres könnte man übrigens gar nicht mit „Küchlein" wiedergeben, denn *Küechli* bedeutet nicht „kleiner Kuchen" schlechthin, sondern es ist ein specielles Gebäck.

Die Ableitungssilbe -chen.

§ 68. Die Ableitungssilbe *-chen* dringt erst spät ein, vor 1760 dürfte sie kaum zu finden sein, so hat der fein gebildete Lang jr. 1745 nur *lein: Tractätlein, lüfftlein, Bäumlein.* Pfarrer Schnyder 1772 hat beides. Von den Pfarrherren des Jahres 1797 haben bloss fünf *-chen*, z. B. *Mädchen* oder *Mägdchen,* die übrigen alle *Mägdlein.* Das Turmbuch 1797/98 hat kein *-chen.* Nach 1800 weisen die Ältern-Stadt noch überwiegend *-lein* auf, die Jüngern-Stadt haben halb und halb. Auch jetzt noch ist die Neigung für *-lein* stark.

Die Ableitungssilbe -nuss.

§ 69. K 1600 hat ausschliesslich *-nuß*, und dieses bleibt unumschränkt herrschend bis ca. 1770, um dann sozusagen plötzlich abzubrechen. NB hat bis 1771 nur *-nuß,* aber schon 1772 findet sich der zweitletzte Fall: *die beste Zeugnußen,* und 1774 der letzte: *versaumbnuß.* Unterschreiber Pfyffer hat 1773 noch *-nuß,* aber Pfarrer Schnyder 1772, Schnyder von Wartensee 1773/79, Ratschreiber Amrhyn 1777/86, J. von Sonnenberg 1781, Schlossvogt Segesser-Wikon 1785/86; Kriegsratschreiber Pfyffer 1786/92; Kanzlist Traber 1795; Sekretär Meyer 1796 etc., haben nur *-niß.* Ebenso die Schreiber des Turmbuches 1797/98, trotzdem sie

---

[1]) Brödchen. [2]) Schrank. [3]) Kopfkissen.

altertümeln. Nach 1800 findet *-nuß* sich weder bei den Ältern-Stadt, noch bei den Jüngern-Stadt. Was die Pfarrherren-Landschaft anbelangt, so habe ich es nur noch bei Pfarrer Meyer-Wangen 1802 getroffen: *keine Hindernuße, die Verzeichnuße.* Bei den Beamten-Landschaft findet es sich noch vereinzelt, so hat Burri-Malters 1806 ausschliesslich *-nuß.* Der letzte Vertreter der K 1600 mag Rechtsanwalt Stirnimann-Knutwil 1818 sein, der nur *-nuß* schreibt: *Zeugnus; Erkanntnus; Verzeichnuß.*

Präs. Sg. I.

§ 70. K 1600: *ich bitt* oder *ich bitten; ich mach* oder *ich machen; ich wandlen.*

A. Gang der Entwickelung bei Gebildeten: Das nhde. *ich bitte* etc. tritt bald nach der Trias auf, so hat Kanzlist Pfleger 1637 hie und da *ich mache, ich glaube* neben *ich mach, ich machen.* Die gleiche Mischung haben Dr. Öhen 1651, z. B.: *ich sag, sage, sagen;* und Stadtschreiber Bürlin-Sempach 1655, etc. Um 1670 schwindet *-en,* einer der letzten, der es noch verwendet, ist Fleckenschreiber An der Allmend-Beromünster 1674/76, z. B.: *Darumb ich Innen Vnndt Ihren Erben Hiermit quit frey ledig vnnd loß sage, Geloben vnndt verspriche auch, die trey hundert guldj zuo Erlegen.* Pfarrer Schwendimann-Udligenschwil 1668, J. Göldlin von Tiefenau 1678, Schlossvogt Hertenstein-Wikon 1681, Ludwig Meyer, Jodocus Pfyffer und Karl Balthassar, etc., etc., haben kein *-en.*

Gleichzeitig tritt auch die Form ohne Vokal, *ich sag* mehr in den Hintergrund, und es gestalten sich im letzten Viertel des 17. Jahrhunderts die Verhältnisse so, dass die gewöhnlichen Verben fast nur mehr *-e,* sehr selten *-Null* haben, die Hülfsverben *haben* und *werden* dagegen promiscue *ich hab* oder *ich habe, ich wird* oder *ich wirde, werde* aufweisen. Pfarrer Schwendimann-Udligenschwil 1668 braucht zwar noch willkürlich *ich bitt* und *ich bitte,* aber Schlossvogt Hertenstein-Wikon 1681 hat in einem Brief neben neun Mal *ich bitte, ich hoffe* etc., nur ein Mal *ich üeb.* Ebenso haben im letzten Viertel des 17. Jahrhunderts die drei Staatsmänner Jodocus Pfyffer, Ludwig Meyer, Karl Balthassar bei eigentlichen Verben fast nur *-e,* daneben überwiegend *ich hab.* Pfarrer Huwiler-Romoos 1697 und Beat Ludwig Gloggner 1702 zeigen bei eigentlichen Verben nur *-e, ich begehre, verspriche, befinde,* daneben aber nur *ich hab, ich wird.* Dagegen weisen Pfarrer Studer-Buttisholz 1694; Pfarrvikar Probstatt-Hohenrain 1699; Pater Maler 1703 nur *-e* auf, also auch: *ich habe; wirde.* Überhaupt tritt um 1700 auch bei den zwei Hilfszeitwörtern die Form ohne *-e* in den Hintergrund, hält sich aber vereinzelt, auch bei ganz Gebildeten, bis in das erste Jahrzehnt des 19. Jahrhunderts hinein. So hat Schlossherr Feer-Buttisholz 1715 in seinen langen Korrespondenzen immer *-e,* nur ein Mal *ich hab* und einmal *ich wirdt;* Schlossvogt Sonnenberg-Wikon 1742 mehrere Male *ich hab;* von den drei Pfarrherren 1752 hat der von Ballwil einmal *ich wird* und der von Inwil einmal *ich hab.* Felix Balthassar 1771—1800 schreibt nicht selten *ich hab;* Krauer 1802: *welchen ich das mädchen anvertraut hab;* Thaddäus Müller 1803: *ich hab geglaubt, da ich geglaubt hab;* Renward Brandstetter 1804: *was ich gehört hab, ich hab angenommen;* Pfarrer Segesser-Ruswil 1806: *da ich keine Kenntniß hab.*

B. Gang der Entwickelung bei weniger gebildeten Schreibern ab der Landschaft: Bei diesen hält sich *-en* durch das ganze 18. Jahrhundert hindurch, aber in Minderheit. So hat Hans Schnarrwiler-Eschenbach 1704 *ich bekennen;* Keigel-Reiden 1714 zwei Mal *ich glauben;* Untervogt Mattmann-Pfeffikon 1716 *ich bekhennen, machen, halten, hoffen.* Untervogt Fries-Triengen 1771: *In deßen bedankh Ich mich irer väterlichen vorsorg vnd verbliben alzit Ihro gehorsam vnd vnderdänigster diener.*

Der Umlaut im Präs. Sg. II. und III.

§ 71. K 1600: *Du hangst, er hangt.* — Die Formen von K bleiben alleinherrschend bis in das letzte Viertel des

18. Jahrhunderts hinein, bis 1800 findet der Kampf zwischen K und Nhd. statt, von 1800 an ist der Umlaut Meister, doch ist er noch heute nicht recht ins sprachliche Bewusstsein eingedrungen; Gebildete, die sonst korrekt schreiben, lassen sich gerade hier etwa einen Fehler entschlüpfen. — Abnormal früh schreibt der hochgebildete Pfarrer Schnyder 1772 den Umlaut vorwiegend, doch hat auch er: *es fangt añ, man laßt.* NB hat dagegen gar keinen Fall von Umlaut. Bei Felix Balthassar 1771/1800 wiegt der Umlaut weit vor, Sekretär Meyer 1796 hat beides gleichmässig gemischt. Krauer 1802 hat einmal *du lassest* und einmal *er fangt an;* Thaddäus Müller 1803 nicht selten: *er laßt;* Renward Brandstetter 1804 hie und da: *er laßt, es gefallt;* Statthalter Göldlin-Sursee 1816 nur: *er laßt, es fallet schwer, es tragt nichts ein;* Pfarrer Brandstetter-Ettiswil 1829: *er laßt* neben *er läßt.*

Präsens Plur. III.

§ 72. K 1600: *sy machent, machend, machendt.* Der Kampf zwischen K und Nhd. beginnt bald nach der Trias und endigt um 1710 mit dem Siege des Nhden., gleichmässig bei Gebildeten wie bei weniger Gebildeten. In NB findet sich das letzte Mal die Form von K im Jahre 1711: *herr amrhyn vndt her pfister so bei einander im schlitten warent.* Nach 1711 habe ich nur noch an vier Orten vereinzelte Fälle gefunden: Einmal bei Stadtschreiber Schnyder-Sursee (gebildet) 1716: *Mithin habent Sye diser Kalbele inert 6 wuchen zehn Tränckher gegeben;* einmal bei einem der Gemeindebeamten des Jahres 1728 (wenig gebildet): *sie erhaldend;* einmal bei Weibel Hodel-Ufhusen 1729 (wenig gebildet): *lasent,* siehe § 99; mehrere Male bei Schlossvogt Sonnenberg-Wikon 1742 (gebildet), z. B.: *sie erfrechent sich, sie machent.* Es ist dies ein merkwürdig später Nachzügler.

Die Verben mit Stammauslaut t.

§ 73. K 1600: *er acht* neben *er achtet; gemeldet, gemeldt, gemelt,* etc. — Die Formen von K dauern bis ins 19. Jahrhundert hinein, beschränken sich aber gegen 1800 hin allmälig auf die zwei Fälle *hochgeacht* und *gemelt*. Diese beiden Fälle finden sich nach 1800 bei den Ältern-Stadt, den Beamten-Landschaft und den Pfarrherren-Landschaft sehr häufig, bei den Jüngern-Stadt nicht selten. Thaddäus Müller 1803, Renward Brandstetter 1804, Kleriker Häfliger-Wertenstein 1809, Statthalter Göldlin-Sursee 1816: *Hochgeachte Herren;* Kaplan Meyer-Ruswil 1807: *bemelter Kammer einschicken.*

Die Infinitive gan und stan.

§ 74. K 1600 *gan* und *stan.* — Die nhde. Gestaltung des Wortes, d. h. mit Vokal e und darauf folgendem h kommt bald nach der Trias auf, zuerst als *gehn* und *stehn,* später daneben zerdehnt: *gehen* und *stehen.* Zwar haben Kanzlist Pfleger 1637 und Stadtschreiber Hartmann 1626/1666 nur die Formen der K (Pfleger hat den M Vokal: *gohn, stohn*), aber in NB tritt 1636 die nhde. Form auf: *enttstehn vnd enttspringen;* im gleichen Jahre: *heimzugehn.* Und vom gleichen Datum an findet sich auch kein *gan* und *stan* mehr. Die erste zerdehnte Form treffe ich 1650: *eṣ sole by Hr. seckhelmeister stehen.* — Von den zehn Schreibern 1647/69 haben drei noch *stan* (oder *gan*), einer *stan* neben *stehn,* sechs nur *stehn* oder *stehen.* Schlossvogt Amrhyn-Wikon 1645 hat nur *gehn* und *stehn;* Gardehauptmann Fleckenstein 1650/51 nur *gehen, gehn;* ebenso Pfarrer Dürler-Eich 1657; Amtsschreiber Süess-Ruswil 1673/76, etc. Dagegen hat Pfarrer Schwendimann-Udligenschwil 1668 noch *stan,* Fleckenschreiber An der Allmend-Münster 1674/76 *ston* neben *stehn.* Einige Schreiber dieser Zeit wenden nur noch in der Phrase: *als obstat* die Form von K an, so Gerichtschreiber Sebastian Obertüfer-Rotenburg 1673/76 und Stadtschreiber Ludwig Meyer 1687/96. Nach 1670 sind die Formen von K nur mehr sehr selten, zwischen 1680/90 klingen sie aus. Nach 1700 habe ich noch einen einzigen Spätling angetroffen, nicht den Infinitiv, sondern Plur. III: Von den Beamten des Jahres 1728 schreibt der von Buttisholz einmal *sie gand.* — Übrigens hören die Formen von K bei Gebildeten wie bei Ungebildeten gleichzeitig auf. Wenn nachher weniger Gebildete nicht die nhde. Form verwenden, so setzen sie direkt die von M (mit Vokal o oder ö), so Weibel Künzli-Knutwil 1683: *das es auch an einer guoten lantstraß stoht.*

Das starke Präteritum I und III auf -e.

§ 75. K 1600 schreibt: *ich gab; du gab(e)st; er gab.* Von 1650 an nimmt hie und da ein Schreiber die Form des ältern Nhd.: *ich gabe, er gabe* an, (Pfleger, § 90, schon vor diesem Datum), von 1700 an zeigt sich diese Erscheinung häufiger, und zwar mehr bei Gebildeten, als bei weniger Gebildeten. Doch schreibt kaum jemand dieses *-e* konsequent, sondern es wechseln die Formen von K 1600 und die des ältern Nhd. So bei beiden Lang 1709 und 1745: *ich fand* und *ich fande.* Diese Formen auf *-e* dauern allgemein bis 1800. Pfarrrer Schnyder 1772 schreibt *ware, kame* neben häufigerem *war, kam;* Ratschreiber Amrhyn 1777/86 *er sahe, er gienge* neben häufigerem *er sah, er gieng;* Sekretär Meyer 1796 braucht beide Formen gerade halb und halb; Felix Balthassar hat wenig *-e*: *er übertrafe, er hielte, ich schriebe;* die Schreiber des Turmbuchs 1797/98 haben viele *-e,* doch überwiegen die Formen ohne *-e.* Nach 1800 findet es sich bei den Jüngern-Stadt kaum mehr, doch schreibt Renward Brandstetter 1804 ein paar Mal *ich, er ware.* Bei den Ältern-Stadt, den Pfarrern-Landschaft und den Beamten-Landschaft treffe ich es noch häufig; aber immer nur vereinzelt, am längsten dauert speciell „*ware*“. Krauer 1802 einmal: *ich übergabe sie;* Thaddäus Müller 1803 hie und da: *ware, bote, hielte;* Gemeindebeamter Moriz Herzog-Beromünster 1804 hie und da: *ware;* ebenso Rechtsanwalt Stirnimann-Knutwil 1818 (wohl der letzte), z. B.: „*1° wahre dieser Waldboden Naß und fettartig.*“

Die Substantive auf i.

§ 76. K 1600 Konkreta: *Die Müli* neben *Mülin, Müle, Mülen; Das Beri* neben *Bere.* Abstrakta: *Die Lengi* neben

Lenge. — Die Formen auf *-in (Mülin)* nehmen im Laufe des 17. Jahrhunderts ab, der letzte, der sie noch verwendet, mag Stadtschreiber Ludwig Meyer sein, der im Ratsprotokoll 1687, S. 409 b ein paar Mal *Ribin*[1]) schreibt. Die übrige Entwickelung macht sich folgender Massen: Bei den Abstrakten schwindet *-i* früher als bei den Konkreten, es ist schon um 1700 sehr selten. Bei den Konkreten schreiben nur ganz besonders Gebildete, durch das 18. Jahrhundert hindurch kein *-i*, Personen mit Durchschnittsbildung wenden *-i* bis 1800 häufig an, bei weniger Gebildeten treffe ich es noch weit ins 19. Jahrhundert hinein. Die Kanzlisten 1690/1700 haben *Krümme, Lenge, Breite, Gegne* (sehr viele Fälle), aber nur einmal *Krümmi,* daneben aber mehr *Müli* als *Müle.* Ganz ähnlich verhält es sich mit Jodocus Pfyffer, Ludwig Meyer, Karl Balthassar. Lang sr. 1709 hat nur *-e, decke, brühe,* etc., aber doch einmal *weinberi.* Schultheiß Hartmann 1733/45 hat *Größe, Lenge, Grede, Güete,* einmal *Gredi,* daneben *Müli, Wehri* gleich häufig wie *Mühle, Wehre.* Ganz ähnlich verhält sich Unterschreiber Mohr 1738/1740. Lang jr. 1745 hat nur *-e.* Pfarrer Zur Gilgen-Russwil 1767 schreibt *Kilchhöry* aber *Zeugsamme.* Pfarrer Schnyder 1772 hat nur *-e;* Kriegsratschreiber Pfyffer 1786/92, und Kanzlist Traber 1795 oft *Müli;* das Turmbuch 1797/98: *Betti, Decki,* etc.; Spitalkellner Gloggner 1799 konsequent *Kuchi.* — In NB bis 1771 häufig, dann noch vereinzelt. — Nach 1800 findet es sich bei Gebildeten nur mehr selten, doch auch im Druck, z. B. im Kantonsblatt 1804: *Mülikorn, Paschi*[2]), *Gersten.* Bei den weniger gebildeten ländlichen Beamten finden sich *Müli, Stampfi, Kuchi* u. ä. noch lange. Und gewisse Provinzialismen wie *Betti, Ürti* findet man auch jetzt noch so gedruckt.

Das Fehlen des -e in den Kasusendungen.

§ 77. K 1600: *Des Schlags, dem Schlag, die Schläg; die Prob;* etc. Die Formen von K bleiben durchaus herrschend

---

[1]) Hanfreibe. [2]) Mischkorn.

bis 1770. Vor diesem Datum habe ich nur bei den beiden Lang und bei Kappeler einige Spuren des Nhden. gefunden, Lang sr. 1709 *die leüthe*, siehe § 97, und Lang jr. *die dünste*, siehe § 100. In NB herrscht K bis 1780, von 1780/87 findet es sich noch häufig, z. B. *Leüt und Gäst*, von 1787 an nur noch vereinzelt, aber noch auf der letzten Seite 1795 *die Gemeind.* — Den andern vorauseilend, hat Pfarrer Schnyder 1772 das Nhde. durchgeführt, doch schreibt auch er z. B.: *Käs und Zieger.* Schnyder von Wartensee 1773/79; Ratschreiber Amrhyn 1777/86; Schlossvogt Segesser-Wikon 1785/86; Kriegsratschreiber Pfyffer 1786/92; die Schreiber des Turmbuches 1797/98 haben K und Nhd. gleichmässig gemischt. Dagegen setzen J. von Sonnenberg 1781 und Sekretär Meyer 1796 meist die *-e.* Bei Felix Balthassar fehlen sie hie und da. Auch in den ersten Jahren nach 1800 gibt es kaum einen Schreiber, der sie konsequent setzt, auch unter den Jüngern nicht. Krauer 1802 schreibt: *Ich sehe den Zusammenhang der Geschicht;* Thaddäus Müller 1803: *Die Schläg des Schicksals, alle Gründ zusammen genommen;* Renward Brandstetter 1804: *nach Maßgab der Umstände, zwei Tag lang;* Regierungsrat Segesser 1821 häufig: *Ausgaab, Hinterlaag, Gründ, Prob.*

Die Kasus auf -en.

§ 78. K 1600: *eine gantze wuchen; die frau, der frauen,* etc. — K herrscht bis ca. 1770 unumschränkt, so bei Lang jr. siehe § 100, etc. Pfarrer Schnyder 1772 hat, andern vorauseilend, *-en* stark eingeschränkt, doch schreibt auch er noch *eine Ketten.* In NB findet der Kampf zwischen 1770 und 1780 statt; 1777 treffe ich noch mehrere Male: *in der stuben, zur stiegen,* etc.; der zweitletzte Fall figuriert 1782 *eine Maulschellen bekommen;* der letzte 1785 *Nachdemme Mstr. Schalbretter sich beklaget, das Maria barbara Schindler klegers frauen als ein canalia gescholten.* Schlossvogt Segesser-Wikon 1785/86 schreibt überall *-en: in einer Wochen, die Frauen Barbara, wegen der Kirchen;* Schnyder von Wartensee

1773/79 hat weniger *-en,* das Turmbuch 1797/98 halb und halb: *eine Ketten, mit einer Kette; in der Kirchen, in einer Kappe.* Nach 1800 haben es die Jüngern-Stadt nicht mehr, sonst trifft man es, vereinzelt, noch überall; Beamter Peter Jost-Willisauland 1806 schreibt oft *seiner Ehefrauen;* Pfarrer Staffelbach-Dagmarsellen 1823 *seine Kräften verwenden; in dieser Kapellen;* Pfarrer Brandstetter-Ettiswil 1829 *wegen einer Schaafhütten.*

Die Pluralformen auf -inen.

§ 79. K. 1600: *Die Büechlin, der Büechlinen, Büechlenen; zwei Kuchinen, Kuchenen. -inen* verliert sich gegen 1700, *-enen* bleibt bis ca. 1740. So schreibt Schlossvogt Sonnenberg-Wikon 1742 in einem Aktenstück acht Mal nach einander *die Mülenen.* Nach 1740 vermeiden es hervorragend Gebildete, doch giebt es bis 1800 keinen, dem es nicht etwa einmal entschlüpfte: Lang jr. 1745 hat *Höchenen,* siehe 100; Pfarrer Schnyder 1772 *Lauwenen* neben *Lauwen,* siehe § 103; Felix Balthassar 1771/1800 *in den zwei Kirchhörenen.* Personen mit Durchschnittsbildung schwanken unter allmäligem Überwiegen der Nhden: Kanzlist Gilli schreibt 1756: *der besitzer der zwey höflenen* neben *jeder der zwei höflein.* J. von Sonnenberg 1781: *heüser auf denen höchenen* neben: *auf die anhöchen geflüchtet.* Weniger Gebildete halten zäher daran fest, doch schreiben schon Gerichtschreiber Scherer-Kriens 1747 und Gerichtschreiber Pösch-Kriens 1763/66 die *Gewahrsammen* neben *Gewahrsamenen.* Im Turmbuch 1797/98 findet sich e i n Fall: *einem paar Knöpflinen* (mit auffälligem *i*). Nach 1800 hie und da bei den Beamten-Landschaft, z. B. bei Burri-Malters 1806: *in beiden Kuchenen.*

Der Genitiv Plural.

§ 80. K 1600: *Der Diensten; der Schlägen; der Siglen; der Kinderen;* etc. -- Die Formen von K bleiben bis ca. 1750 durchaus alleinherrschend, so haben z. B. Lang sr. 1709; Schlossherr Feer-Buttisholz 1715; Schultheiß Hartmann 1733/45; Unterschreiber Mohr 1738/40, etc, etc, nur *-en*. Den ersten Fall eines Gen. Plur. auf *-e* habe ich getroffen bei Lang jr.: *überlegung der umbstände*, siehe § 100, es ist zugleich der einzige Fall. Pfarrer Schnyder 1772 hat die Formen von K und des Nhden. gleichmässig gemischt: *der Französischen Flüßen Kurs, der Gang der griechischen Flüße; an dem Fuße unserer Berge, keiner dieser Bergen*, siehe § 103. Balthassar 1771/1800 schreibt die Formen von K nur mehr selten, z. B. *der Mönchen, der höhern Gütern, der Kenntnißen* (Nom.: *die Kenntniße)*, siehe § 108. Krauer 1802 hat nur nhde. Formen. Wir haben hier also einen stetigen Fortschritt: Lang sr. — Lang jr. — Schnyder — Balthassar — Krauer. Doch darf man nicht vergessen, dass diese Persönlichkeiten hervorragende Bildung besassen. Bei Schreibern mit Durchschnittsbildung hält K zäher. In NB bleibt K bis 1780, dann Kampf.

Ferner erwähne ich noch folgendes: Schnyder von Wartensee 1773/1779; J. v. Sonnenberg-Wikon 1781 haben K und Nhd. gleichmässig gemischt: *der Theile* neben *der Theilen; der Tage* neben *der Tagen.* Sekretär Meyer 1796 hat wenig K Genitive z. B. *der Umständen, der Büchern.* Das Turmbuch 1797/98 hat mehr Nhd. als K, mehr *der Diebstähle* als *der Diebstählen.* Nach 1800 finden sich K Genitive noch überall bei den ältern Schreibern, aber überall nur vereinzelt; bei den jüngern dagegen kaum mehr. Pfarrer Moser-Römerschwil 1801: *die Anweisung aller jener Büchern;* 1803 Thaddäus Müller: *die Prämien der vorigen Jahren.* Gerichtschreiber Bürgisser-Rotenburg 1805: *der Theilnehmeren, der Schuldnern;* Pfarrer Segeser-Ruswil 1806: *aus Veranlassung der Zehendaufkündigern;* Stadtammann Schnyder-Sursee 1816: *mit vorwüßen der anstößern;* Rechtsanwalt-Stirnimann-Knutwil 1818: *Das Verkaufen der Bäumen, das Wegschaffen der Sträuchen.*

Das Nüw vnd Allte.

§ 81. K 1600: *Das Nüw und Allte.* Diese Konstruktionen halten sich bis über 1800 hinaus, von 1730 an beginnt man nach dem ersten Wort den Bindestrich zu setzen. Harte Konstruktionen dieser Art werden in der zweiten Hälfte des 18. Jahrhunderts von besonders Gebildeten vermieden; die Kreise der Beamten aber schwelgen geradezu darin, so schreiben die Kanzlisten Felber 1780/84 und Traber 1795 mit Vorliebe: *Das Beschädigt- und Hinweggerißene,* etc. Ein beachtenswerter Rest hat sich bis heute erhalten. Der Priester auf der Kanzel redet die Gläubigen an: *Euer Lieb und Andacht.*

Die zwei Kasus Ime und Ine.

§ 82. K 1600: *Ime, Ine.* -- K bleibt mit sehr wenig Ausnahmen bis 1780 herrschend. Eine solche Ausnahme bildet Pfarrer Schnyder 1772, der nur die Formen des Nhden. hat, und Balthassar 1771/1800, welcher nur selten K schreibt, siehe § 108. In NB herrscht K ausnahmslos bis 1787, nachher kommt es nur noch vereinzelt vor. -- Unterschreiber Pfyffer 1773; Ratschreiber Amrhyn 1777/86; Kanzlist Felber 1780/84; Schlossvogt Segesser-Wikon 1785/86 haben fast nur K. Auch ländliche Schreiber halten daran fest, so schreibt Zolleinnehmer Kneubühler-Hüswil 1798 konsequent *ime,* z. B.: *Da hat er gesagt, Eäß solle jetz kein zoll mehr sein, Eäß ist Jetz freyheit vnd gleichheit da habe ich ime die Zoll dafeln gezeigt.* -- Die Schreiber des Turmbuchs 1797/98 haben K häufiger als Nhd. — Schnyder von Wartensee 1773/79 hat beides gleichmässig gemischt, Kriegsratschreiber Pfyffer 1786/92 fast nur Nhd. Nach 1800 haben es die ländlichen Beamten noch hie und da, so noch Statthalter Göldlin-Sursee 1816: *das Holtzhaus, welches er in eine ihme notwendige scheüer umwandelte;* Rechtsanwalt Stirnimann-Knutwil 1818: *die Gründe, welche ihnne bewogen.*

Der Superlativ auf -ist.

§ 83. K 1600: *gnädigist* häufiger als *gnädigst; dümmist* seltener als *dümmst.* K herrscht bis ca. 1770, dann nehmen die *-ist* stetig ab. In NB bleiben die Verhältnisse von K bis 1771, nachher findet sich *-ist* nur mehr selten, der zweitletzte

Fall steht 1775 *gnädigist,* der letzte 1782 *demütigist.* Lang jr. 1745 hat viele *-ist,* z. B.: *tiefist, hochschätzbarist,* siehe § 100, ebenso Stadtschreiber Schwyzer 1748/50; Pfarrer Zur Gilgen-Ruswil 1767; Dekan Mattmann-Büron 1795, siehe § 106; Beamter Falcini 1798: *gefälligist, ernsthaftist.* Dagegen haben Pfarrer Schnyder 1772; Felix Balthassar 1771/1800; die Schreiber des Turmbuches 1797/98 kein *-ist.* Schlossvogt Segesser-Wikon 1785/86 und Sekretär Meyer 1796 schreiben hie und da ein *hochschätzbarist.* Nach 1800 bei den Beamten-Landschaft nicht selten, bei den Pfarrherren-Landschaft vereinzelt, z. B.: Moritz Herzog-Beromünster 1804: *Hochgeachte, Hochgeehrtiste Herren;* Melchior Burri-Malters 1806: *auf das deutlichist, der gerechtiste Wunsch;* Pfarrer Brandstetter-Ettiswil 1829: *die kuriosiste Sache.*

Die Adverbien auf -lichen.

§ 84. K 1600: *gäntzlichen* neben *gäntzlich; erstlichen mein ich; wir meldent anttwortlichen.* — K bleibt (einzig Pfarrer Schnyder 1772 ausgenommen) bis 1800, bei Gebildeten wie bei weniger Gebildeten, immerhin so, dass gegen Ende des Jahrhunderts hin sich eine stetige Abnahme zeigt. So schreiben Felix Balthassar 1771/1800; Ratschreiber Amrhyn 1777/86; Kriegsratschreiber Pfyffer 1786/92; Sekretär Meyer 1796 nur ganz vereinzelt: *wirklichen, benanntlichen, bittlichen einlangen.* Dagegen hat das Turmbuch 1797/98 noch viele *-lichen.* Nach 1800 schreiben es die Jüngern-Stadt nur sehr selten, so Renward Brandstetter 1804 ein Mal *sicherlichen,* und ein Mal *vorsätzlichen.* Die übrigen (Krauer 1802 ausgenommen) haben es noch hie und da. Thaddäus Müller 1803: *erstlichen* und *letztlichen;* Beamter Meyer-Hergiswil 1808 oft: *endlichen, bittlichen;* Rechtsanwalt Stirnimann-Knutwil 1818: *erstlichen, letztlichen, endlichen;* Pfarrer Brandstetter-Ettiswil 1829: *neulichen.*

Der Genitiv nach „etwas“.

§ 85. K 1600: *etwas zyts. Es ist ettwas vnruows jn der Gassen.* — Diese Konstruktionen nehmen nach der Trias nicht etwa ab, sondern zu, und finden sich auch bei ganz Gebildeten bis ans Ende des 18. Jahrhunderts, Pfarrer Schnyder und Felix Balthassar nicht ausgenommen. Von ca. 1770 an nehmen sie indes ab. — Lang sr. 1709 schreibt: *auch noch Etwaß Zeits nach der Chur; Etwas druckens*, siehe § 97. Feer 1715 hat überaus viele solche Konstruktionen: *so was Vichs krank wäre; zuo viel geschreiß; ettwas Krankheits; vill zäches schleimß;* Lang jr. 1745: *etwas Tranks;* Stadtschreiber Schwyzer-Willisau 1748/50: *seit etwas Zeits, etwas Rumors, etwas Arbeits gehabt;* Pfarrer Schnyder 1772: *etwas Zeits, ettwas Streitikeits*, siehe § 103. Felix Balthassar 1771/1800 selten, z. B.: *etwas Lichts, etwas Zeits.* In NB findet sich der zweitletzte Fall 1777: *in etwaß streittigkeits gerathen*, der letzte 1782: *vor etwas Zeits*, dagegen 1787: *vor etwaß Zeit* und 1790: *vor einiger Zeit.* Nach 1800 hie und da noch bei den Beamten-Landschaft z. B. bei Jost Meyer-Hergiswil 1808: *etwas Gelds, etwas Unkostens.*

Die Negation non.

§ 86. K 1600: *nit.* Die nhde. Form *nicht* findet sich vor 1680 nicht, einzig der nicht sonderlich gebildete Amtschreiber Süess-Ruswil 1673/76 hat *nicht* neben *nit.* Nach 1680 treffe ich die nhde. Form häufiger, allein hier haben wir den Fall, wo die Entwicklung durchaus nicht stetig verläuft, siehe § 58 F. Melchior Hartmann 1682/94 hat *nicht* neben *nit,* siehe § 93, Stadtschreiber Hartmann-Willisau 1693 nur *nit;* der hochgebildete Lang sr. 1709 nur *nit;* der wenig gebildete Keigel 1714 beides; Feer 1715: *nicht;* Dr. Kappeler 1723/27: *nicht;* sein Freund Dr. Göldlin: *nit;* Schultheiss Hartmann 1733/45 beides; Schlossvogt Sonnenberg-Wikon nur *nit;* Stadtschreiber Schwyzer-Willisau 1748/50 beides; die drei Pfarrherren des Jahres 1752 nur *nit;* Ratschreiber Krus 1751/56 nur *nit;* Pfarrer Zur Gilgen-Ruswil 1767: *nicht,* aber daneben die Wendung *sofern nit;* der wenig gebildete Gemeindebeamte Mathys Ziswiler-Ruswil 1770 nur *nicht;* Unterschreiber Pfyffer von Heidegg 1773 beides; Pfarrer

Schnyder 1772 nur *nicht;* Schnyder von Wartensee 1773 beides, 1779 nur *nicht;* Kanzlist Felber 1780/84 häufiger *nit* als *nicht;* das Turmbuch 1797/98 hat ein einziges *nit,* S. 20. Nach 1800 habe ich kein *nit* mehr getroffen.

In NB steht das erste *nicht* 1687: *Er könne selbe nicht bruchen;* 1690/95 *nicht* neben *nit;* 1695/1701 (zwei Hände) nur *nicht;* 1702/1758 nur *nit,* sehr selten ein *nicht;* 1759 bis 1772 gemischt; von 1772 an nehmen die *nicht* stetig zu; das zweitletzte *nit* steht 1783, das letzte 1787.

Die Negation nihil.

§ 87. K 1600: *nüt* oder *nützit.* — Gang der Entwicklung bei Gebildeten: Das nhde. *nichts* dringt sehr früh ein, fast gleichzeitig mit den drei Diphthongen. In NB treffe ich den ersten Fall 1622: *Das sy von der frauwen nichts bös wüße;* den zweiten 1637: *nichts grundlichs erwysen.* Stadtschreiber Hartmann 1626/66 und Kanzlist Pfleger 1637 haben beide Formen, die nhde. und die der Trias, § 90. 1637/1645 hat NB nur *nichts,* 1645/1656 hat eine Schrift wieder *nüt* und *nützit* neben *nichts,* alle andern haben nur *nichts,* von 1656 an kommt nur mehr *nichts* vor, und von diesem Zeitpunkt an haben überhaupt alle Gebildeten nur *nichts.* Hier haben wir den Fall, wo das Nhd. am frühesten völlig gesiegt hat. — Bei weniger Gebildeten schwindet *nützit* zur gleichen Zeit, wie bei den Gebildeten, *nüt* hält sich über 1700 hinaus. Beispiele von Beamten ab der Landschaft: Gerichtschreiber Sebastian Obertüfer-Rotenburg 1669/75 schreibt *nüt;* Amtschreiber Süess-Ruswil 1673/76 *nüt* neben *nichts;* Gerichtschreiber Kost-Triengen 1693 *nichts;* Beamter Hans Schnarrwiler-Eschenbach 1704 *nüt;* Chirurg Keigel-Reiden 1714 *nüt* neben *nichts.* — —

§ 88. Es fragt sich nun, warum hat sich die Abwicklung gerade so gestaltet, wie sie in den §§ 61—87 geschildert ist, und zwar fragt es sich vor allem, warum wurde das Nhde. nicht gerade ganz, tale quale, aufgenommen, sondern unter einem Datum dieser, unter einem andern jener

Bestandteil? — In erster Linie habe ich in dieser Hinsicht einen Punkt, einen negativen, schon behandelt, nämlich dass die Regierung, die Schule, der Bücherdruck Luzerns keinen ausschlaggebenden Einfluss auf die Bewegung gehabt. Wenn nun die Sache so wäre, dass dasjenige Material von K 1600, welches mit M übereinstimmt (damit identisch ist, oder sich daran lehnt) sich länger gehalten hätte, während dasjenige, das sich in M nicht auch zugleich findet, früher aufgegeben worden wäre, so wäre das durchaus verständlich. Nun gibt es allerdings solche Fälle, aber es gibt ebenso viele Fälle, wo gerade solche Bestandteile von K 1600, welche sich nicht zugleich auch in M finden, sehr lange festgehalten werden (man sehe z. B. *jmme,* § 82). Ebenso wäre es einleuchtend, wenn die weniger gebildeten ländlichen Schreiber die mundartlich anklingenden Elemente von K 1600 länger bewahrt hätten, als die Gebildeten. Das ist allerdings vielfach der Fall, man denke besonders an die drei Längen § 61. Aber es kommt auch vor, dass ländliche Schreiber gerade solches Material zähe bewahren, das M direkt widerspricht, (ich habe hier besonders das *üö* § 62 im Auge), während gerade hier die Gebildeten sich an die M anlehnen, oder dann nhd. schreiben. Ich finde somit auf dem eigenen Territorium nicht genug zureichende Gründe, um den Weg, den die Reception des Nhden. gegangen ist, zu erklären. Dann aber müssen die Gründe auswärts liegen, wenn nicht reiner Zufall gewaltet hat. Und da denke ich mir die Sache so: Luzern war nicht der hervorragendste Ort der Eidgenossenschaft, weder politisch, noch literarisch. Es ist das Neue zuerst an andern Orten der Schweiz aufgetreten. Und von da aus haben die Wellen nach Luzern hinübergeschlagen. Es müsste daher die Reception des Nhden., wie sie sich in Basel, Zürich, Bern etc. gemacht hat, nach meiner Methode untersucht werden, und dann würde wohl auch Licht auf das fallen, was bei den Luzerner Verhältnissen noch dunkel ist.

IV. Kapitel.

Texte.[1]

§ 89. Ein Text, verfasst von einer gebildeten Persönlichkeit, Stadtschreiber Ludwig Hartmann. Es ist ein Erlass der Regierung an die störrischen Bauern im Entlebuch, 1635. Siehe § 57 und § 61 E.

Es werdend alle die ienigen vs üch, so vnlengst vff vnser erforderen vmb der bewüsten fähleren willen vor vns erschinnen vnd erforschet worden, sich gnugsamb ze entsinnen vnnd erinnern wüßen, dz damalen die zyt nit geben mögen, vnnsere dorüber gefaßete erkandtnuß dem einen vnd anderen offenbar ze machen, sonder ihnen die andütung thun Laßen, dz solche mit anderer beßerer glegenheit folgen werde. Vnd diewyl dan, demme ze nothwendigem volzug, wir albereit Etliche vs vnserem Rhatsmitel ernambset, welche hierüber die nothurfft versechen vnd also by üch vff den allernechst kommenden sambstag ze abendt ankommen werdent: So ist vnser ernstlicher will vnd beuelch, dz ihr üch sampt der gmeindt gerüst vnd bi der stell haltend, damit am heiligen sonntag nach vollendtem gwohnlichem Gotsdienst üch vnsere erkandtnuß vnd, was der gesandten beuelch wyters in sich halten wirdt, könne vürbracht vnd geöffnet werden. Verhaltend üch benebens nit, dz man vff üwere gehorsamme sonderbare obacht setzen vnd zemahl erfahren wirdt, Ob jr jns künfftig üwerer schuldigkeit vnd pflicht beßere Zügknußen, als etwan ein zeit her beschechen, geben werdend. Verlaßend vns hiemit vff üwer vnderthäniges verhalten, durch welches ihr üch vnserer gnad vnd huld jederzeit ze befröwen haben werdend.

Von vnserem Rhat, den 5 July 1635.

§ 90. Ein Text, verfasst von einer gebildeten Persönlichkeit, Kanzlist Wolfgang Pfleger, 1637. Siehe § 57 und § 61 E.

[1] Die Satzzeichen sind von mir selber gesetzt.

Alß Jungkherr Jacob Wysing vnnd Jch zu endt vnnderschribner vf bemelten tag beid mit der Füwrbüchsen spazierend einanderen antroffen, an wöllichem bißweilen die Sonn, wann die wolchen fürüber gelaufen, gar heiß vf vnns gestochen, vnnd dieweil er deß wegen etwz hizig vnnd durstig worden, Patte er mich, ich wolte mit ime vollents gehn Littow, mit erbieten mir daselbsten ein maß zezalen, ein wenig sinen durst zestillen vnnd als dann strax widerumb mit mir heimbzekeeren, dessen ich ime nit vngern, weill mir eben wie ime gewesen, gewilfaret. Da wir nun mit einanderen dahinkommen vnnd gesehen die vile allerley volcks vnnd gesindts, so wol Inn als vssert dem wirts hauß vf der matten, so wir geschochen vnnd vnnser sach Lieber allein haben wöllen, Sind wir vf die wytte matten hinauß vnnder einen baum allein gesessen, dahin vnns der würt ein guten trunckh Roten wein gebracht; als aber vnnder sollichem ein kleines regelin dahar kommen, wölliches vnns vnnder das wirts hauß tach geiagt, alwo wir den noch übrigen trunckh vß trincken wöllen, kombt vngferd vß dem wirts hauß vf das Läublin an der hinderen stägen thüren obgemelte Christina vnnd als Sy vnns ersehen, rüefft Sy dem J:r [1]) Jacoben mit denen wortten: „Ey Jesus Maria, Jungkherr Jacob, was thüend ihr da? es hatt mir warlich hünacht von eüch traumbt.“ Sagt er darauf vnnd zeigte Iro dz glaß mit wein: „was hatts eüch dann traumbt, guots oder böß? vmb ein trunckh Christina!“ vf wölliches Sy alsbald herab zu vnns gelaufen vnnd ihren traum zu erzellen angefangen: „Sy sye namblichen die ganze nacht mit dem Krämer werch vmbgangen, weil Sy verstannden, mein gnedig Herren wöllent einandere Ordnung drumb machen, wie auch mit dem Lebkuochen vnnd das ein Krämer keine schnüer, ein anderer das oder dises nit haben, kaufen oder verkaufen solle. Sy frage aber minen gnedigen Herren nichts nach, wölle kaufen vnnd verkaufen was Sy ghütze[2]) vnnd gluste“ …[3]) vf wölliche

---

[1]) Junker. [2]) beliebe.

[3]) Es folgt ein Wortstreit, den ich, weil er in M wiedergegeben ist, weggelassen habe.

Eerverletzliche grobe reden Jr. Jacob ganz erbleichet vnnd sagte zu mir, das möge er nit erlyden, erwütschte damit ab der angebrochnen Scheiterbygen, by deren wir gsessen, ein halbes Schytt, willens Sy damit an grind zuschlagen. Ich aber erwütschte inne by der Hand vnnd bate inne, er wolte es blyben lassen, dann es nit alzeit guot, ein weib zuschlagen; es möchte vilycht Ir mann da syn, der sich Irer, vnerkundiget der sachen bschaffenheit, in glycher hiz annemmen wurde; könte wol ein ergerer vnnd böser Hanndel dann diser vnnd gar ein zerstochen leben daraus entstohn, hatt also mir geuolget, vnnd wir habent Sy geheissen fortgohn vnnd vnns rüewig lassen; wie dann insonderheit ich Sy immerdar gebetten, Sy solle schwygen, dergleichen sachen gangent vnns nitt an; hatt aber by Iro kein abwören nüzit helfen wöllen, jst iedoch letstlich widerumb hinauf in das wirts hauß gangen, vnnd droben noch vil maulbörens[1] *getriben.*

Wolfgang Pfleger 1637.

§ 91. Ein Text, verfasst von einer gebildeten Persönlichkeit, Dr. Öhen 1651. Dazu eine Kopie, geschrieben von Jost Schumacher (gebildet) und eine zweite, sehr wahrscheinlich geschrieben von Ranuzi Segesser (gebildet). Siehe noch § 57.

Arphaxat.

Telamon vnd wackre Soldaten!
Mich freüen eüer mandlich Thatten,
Die widerumb den feindt ab triben,
Vnd keiner nit ihm stich gebliben.
Eüch vnd Eüwer sigen lob ich zwar,
Doch stecken wir in stätter gfar.
Auff vns thun sye tag vnd nacht zilen,
vnd hören auch nit auff zu spilen,

[1]) Schelten, poltern.

bis sye vns triben zum gwalt,
vnd das glück vff ihr syten falt.
Die burger ermüedet sindt der wachten,
Zu lezst ist vbrig zu verschmachten
vor hunger, Es schweint die prouiant,
kein hilff handt wir von vnserm landt,
wil einer, vnd das mit grossen schreken,
den kopff zu dem Stat thor vs strecken,
Ach Got, wie baldt wirt ehr erschlagen.
Do gibts ein Ewig heülen vnd klagen.
Drumb weis ich nit, wie ich die ding
Zu einer gutten Endtschafft bring.

Telamon vnd wackere Soldaten!
Mich freüen eüer manlich thaten,
Die widerum die find ab triben,
vnd keiner nit im stich gebliben.
Eüch vnd eüer sigen lob ich zwar,
Doch stechen (!) wir in steter gfar.
Auf vns thun sy tag vnd nacht zilen,
vnd hören auch nit auf zu spilen,
biß sy vns triben zum gwalt,
vnd das glück vf ihr sitten falt.
Die burger ermüedet sind der wachten,
Zu letst ist überig zu verschmachten
vor Hunger, es schwint der prouiant,
kein hilf hand wir von vnserem landt.
wil einer, vnd das mit großem schrecken,
den kopf zu dem stat thor vs recken,
Ach got, wie bald wer er erschlagen.
Da gibts ein ewigs Heülen vnd klagen.
Drumb weis ich nit, wie ich die ding
Zu einer guten endschafft bring.

Telamon vnnd wackhere Soldaten!
Mich freüwen eüwer manlich Thaten,

Die widerumb denn find abtriben,
Vnnd kheiner nit im stich gebliben.
Eüch vnnd eüwer sigen lob ich zwar,
Doch stäkhen wir in stäther gfar.
Auff vnnß thuont sey Tag vnnd Nacht zihlen
Vnnd hören auch nit auf zue spilen,
Biß sy vnnß triben zue dem gwalt,
Vnnd daß glükh auf ihr seiten fahlt.
Die Burger ermüedet sindt der wachten,
Zue letst ist überig zue verschmachten
Vor hunger, eß schwindt prouiant
Khein hillff hand wir von vnnserem land,
Will einer, vnnd daß mitt schräkhen,
Denn Kopf zue dem Thor außstrekhen,
Ach Gott, wie bald wird er erschlagen,
Da gibtß ein ewig heülen vnnd klagen.
Drum weiß ich nit, wie ich die ding
Zue einer guoten endtschafft bring.

§ 92. Texte, verfasst von einer gebildeten Persönlichkeit, Stadtschreiber Cysat-Willisau 1669. Siehe § 61 E.

Das Vorwyser dis, Joachim Stöcklin im hinderen Honig im Kilchgang vnnd Ampt Willisow gesessen, den 30ten verwichnen Monats Martij sein Haus vnnd Heimbd Scheür mit dem darin liggenden Höw, s. v. 7 Schwyn vnd 5 kelber vnd vast aller hausrath vnversehen eingeescheret worden, daby ihme auch sein Frauw vnnd zwey Kinder durch das Feüwr vbel verletzt worden, vnnd also er Vnserer Gnädigen Herren Vatterlichen Handreichung vnnd barmhertziger Leüthen bystür wohl vonnöthen Sye, Züget

Stadtschrybery Willisow 1669.

Zu Wüssen Sye hiemit, das Fürwyseren dis, Bartlime Franckh von Tagmersellen Aus der Grafschafft Willisow, den

27ten Christmonat iüngst verfloßnen Jahrs Leider Aus Verhencknuß Gottes des Almechtigen sein behusung sampt Allem Hausrath im feüwr vfgangen vnnd gäntzlich eingeescheret worden, vnd Also er in die vsserste Armuot gerathen. Damit aber er sich by vnseren Gnädigen herren vnnd Oberen stellen, solche vmb vädterliche hilffsteür vnnd Brunstbrief anlangen khönne, vnd ihme Disses Vnfahls halber glauben geben werde, ist ihme gegenwertige Zügknus geben worden; Den 18ten Jenner 1669,

Stadtschryber Cysadt in Willisow.

---

§ 93. Text, verfasst von Melchior Hartmann 1684, siehe § 57, § 61 E und § 86.

Den 20 d° haben M G H[1] *vff Absterbens deß panner M*r[2] *der grafschafft Habsburg Zu honauw, noch Ingedenckh der Trüwen in dem leidigen Vfstand, daß Ihnen hierumb sampt Einem Brief ertheilte panner widerumb nacher Rhot geben vnndt Amman heinrich Arnet zu Einem Nüwen panner M*r *Ernambset.*

Den 24 d° hat an der Proceßion über die Musegg beide predigen In dem hoof gehallten herr Canonicus Mauritz an der Allmend der Stifft Münster Secretarius mit vnuerglichlich schönen vndt zierlichen Concepten als worten.

Apprellen.

Den Anderen d° wahre der heilige ostertag, Da es danne ettliche Tag hero widerumb geschniet, vndt Also Aller Ohrten mit schnee bedeckt, daß man by minderem schnee offtermahlen in dem schlitten nacher Krientz gefahren; ware auch so rucher vnndt kallter Lufft, daß es an ettwelchen ohrten vmb die schwieren by der hoofprugg widerumb mit isch[3] *überschoßen, vnndt hiemit diß zur gedechtnuß beygesetzt, maßen ich nit weiß, nebent Einem so grimigem winter ein so kalte Osteren Erlebt zu haben.*

---

[1]) Meine Gnädigen Herren. [2]) Meister. [3]) Eis.

Den 6 d° Ist der junge krauwer wegen sineß liederlichen Lebenß, vnndt dz er sin frauw noch in der kindtbetti geschlagen, dz Sy aus dem huß wichen müeßen, getürhndt worden vnndt nach deme gwalltig zugesprochen.

Denn 7 d°, wahre Zinnstag, Ist ein schriben von den 3 Länderen ab einer in Brunnen gehalltnen Conferenz datirt abgelesen worden, darinnen solche, weilen Sy von Herrn Baron Greysy (?) auf den Sauoischen pundtßact bis dahin nit inuitieret worden, schier bedenckens machen, auf die von Ihm veranlaßten ausschreibung zu Erschinen, in hier, über welches M. G. H. nicht wenig sich vf dis den Länderen vnnförmkliches Tractieren befrömbdet.

§ 94. Texte, verfasst von drei wenig gebildeten Persönlichkeiten 1691, siehe § 57.

Ich stathalter peter fries sambt überigen geschwornen vnd gemein zuo knuttwill bekenen hiemit diserem schein, wie das wir ietz Etlich jor schlächt mit hartz sindt versächen worden, vnd dar Näben die danen[1]) wüöst sindt angriffen worden. also bitent die geschwornen vnd auch ein gantze Ersame gemein zuo knutwill vnser gnädige heren vnd hoch wise oberkeit, sie wellent vns Nit Mer als ein hartzer in vnseren wälden verordnen, vnd das er sei mit hartz beser versächen wärde, weder ietz ein zit här geschächen ist. also begärent ein Ersame gemein an vnsere hochwise gnädige oberkeit, sei wellent der bath meier im grüt zuo wangen;[2]) der hat sich bei vns anerboten, das er zuo denen wälden vnd danen wolle sorg haben, vnd die bursame mit hartz versächen, das Niemandt Nichts wärde klagen. Datumb gschach vf den 3 dag Meien des 1691 Jars.

Marti küentzli, weibell zuo knutwill.

---

[1]) Tannen. [2]) Ergänze: anstellen.

willen wir buren von weinickhen sih beklagen von wägen denen hartzern von wangen, daß sy vnß gar schlimß hartz gäben, vnd daß mir anderist wo müösen luogen, daß mir hartz über kömen; vnd die schuo macher beklagen sich deß gleichen, daß sy kein guoten schuo nit könen machen, wan sy so schlimß hartz haben; so bäten mir vnsere hoch weise gnädige väterliche ober keit, daß sy vnß der Pat meier von wangen Allein gäben, willen er vnß verspricht, gnuogsam guotß hartz zu gäben, vnnd vnsere wäld desto minder geschediget wurden. gäben den 3 thag meyen diß 1691.

Jacob kauffmann, weibell zu weinikhon.

wir nachbenamte, ich weibell etc., bekenen hie midt, wie das wir Etliche jor lang midt schlächtem hartz versorgedt worden, vnd doch vile hartzer vnser gnädigen heren scheildt wald[1]*) vnd ale ander näbet höltzer durch streichen, vnd bald ali jugen danen*[2]*) um gehauwen worden; also hiemit bäten wir Ein hoch weise ober keidt vnderdthänig, das seie vns midt dem Ersamen vnd bescheiden badth*[3]*) meier für Ein hartzer all ein versächen. godt midt vns ali zeidt. Datumb den 4 dtag meien ano 1691,*

von mir baltz ambärg zuo büren.

§ 95. Ein Passus aus dem Ratsprotokoll, niedergeschrieben von Ludwig Meyer 1696, siehe § 57.

Dieweylen die klag ergehet, das die Enten ohngeacht des Verpots geschossen werden, habent Mgh[4]*) erkent, das deswegen ein Rueff beschehen solle, die Frömbd- vndt heimbsche Enten sollen in dem bewußten becirkh vf dem See vndt in der Rüss bis an das hoche Gricht mit rhuew ze lassen (!), vndt auf Sie nicht zue schiessen, weniger Ihr brüt zue beschädigen, ge-*

---

[1]) Der sogenannte „Schiltwald". [2]) alle jungen Tannen. [3]) Beat.
[4]) Meine gnädigen Herren.

stalten herr Bauwherr die Fühlbahre in die straff ziechen solle, vndt weylen zwey junge gesellen angeben worden, darwider gefehlt zehaben, soll man vf den Fählbaren inquirieren, vndt mit 24 stündiger gefangenschafft mit wasser vndt brod abstrafen. ein gleiches soll Hrn. Commisario durch Hrn. Rhatsrichtern insinuiert werden, damit die geistlichen sich von dergleichen schiessen auch enthalten wollind.

Als in anzug khommen, wegen ettwelcher Studenten ausgelassenheit vndt nechtlichen geläufs, habent Mgh. erkent, das, welche ohne liecht nächtlicher wyl betretten werden, das die wächter die selbe anhalten vndt einspehren sollen, volgenden Morgens aber durch einen Stattdiener denen Hrn. Vätt. Jesuitern überantwortet werden sollen.

§ 96. Ein Text, verfasst von einer ungebildeten Persönlichkeit, dem Gerichtsbeamten Elmiger-Reiden 1701, siehe § 57. Schreibfehler und falsch placierte Diphthonge.

datum den 24 dag brochmonet des 1701 Jarss. hat bärnet Elmiger zuo Reiden breicht vnd kunscht schafft[1]*) vff Nämen,*[2]*) lud alden vrkunds Einer wässerig zuo Reiden heinder dem bärg, in Mamen*[3]*) denen alten weidmeren ihr heinder lasem*[4]*) kinderen vnd Erben, lud seigell vnd brieff.*

von Mier hans Casper Elmger des greichtts Reiden.

§ 97. Ein Text, verfasst von Lang sr. 1709, siehe § 57 und § 77.

Die leüthe werden von disser kranckheit angegriffen ohne fieber vndt frost; Etliche verspühren Etliche wuchen zuvor Eine grosse Mattigkeit in den gliederen, absonderlich in den

[1]) Bericht und Zeugenschaft. [2]) Ergänze: lassen. [3]) Namen. [4]) hinterlassenen.

jenigen, die sollen angegriffen werden, welche mattigkeit fünf 6 oder 8 tag vor dem angriff sehr zunimbt, vndt also Empfindlich wirdt, daß, wan sie wollen ob sich gehn, alle 6 schritt still stehn oder gar nider sitzen müessen; wan sie aber schon auf der Ebne gehen, klagen sie sich schier nichtß. disse mattigkeit, wan die Vndere gleider[1]) sollen angegriffen werden, occupieret meistens das Creütz vndt die dicke der be... (?) biss auf die knie, bey den obern gliederen denn fanget sie an vnder den achßlen vndt Erstrecket sich biss an daß hertzgrüebli mit Etwas druckens, nimbt auch Ein die völligen oberen armb biss an den Ellenbogen, ieder Zeit corrispondierendt mit den Seithen deß gliedts, so wirdt angegriffen werden. Hergegen seindt andere, die zuvor nichtß dergleichen verspühren, sonder gleich von der kranckheit überfallen werden, wie volget:

Erstlichen Erkalten ihnen die Eüsserliche glieder, worauf die haut Erbleichet vndt bleyfarb wirdt, auch also geruntzlet, alß wan sie lange Zeit in dem warmen wasser wäre gehalten worden; die aderen verbergen sich vnder die runtzlen vndt werden völlig vnsichtbahr, worauf Ervolget die Entschläffung deß angegriffenen gliedtß mit Einer gäntzlichen vnder Truckung aller Empfindligkeit, also das man nach belieben darein stechen vndt hauwen kan, ohne einige schmertzen der Patienten vndt wirdt auch kein bluot aus dem verwundten Theil rünnen, doch bleibet ieder Zeit nit ohne billiche verwunderung die freywillige bewegung der Entschlaffenen vndt von allem bluot gleichsamb vnt Empfindligkeit Entraubten gliederen, wie wohlen sie Etwaß schwährerß hergehet.[2])

Disse also entschläffte zusamengeschmurete vndt ohne alle Empfindligkeit annoch lebente glieder werden Endtlichen mit vnbeschreiblichen vndt vnleidenlichen schmertzen angefochten, die die Patienten öffterß Etliche Täg vndt nächt nit ruohen lassen vndt schier vnaufhörlich schreien machen, welche schmertzen ihnen mehr von aussen häro zuzukommen scheinen, als daß sie von einer innerlichen vrsach solten Erwecket wer-

---

[1]) Schreibfehler statt: Glieder. [2]) etwas mühsamer vor sich geht.

den. seithemahlen wan die kranckne ihre angegriffene glieder in der werme alß wie in der warmen stuben oder bey dem offen, am allermeisten aber vnder der warmen decke halten, sie solche brennente vndt stechente schmertzen Empfinden, daß sie selbe nit aussprechen könen; halten sie aber ihre arme glieder exponiert vndt vnverbunden in Einem küehlen oder frischen lufft, alß wan sie Etwan mit den selben nit verbunden in Einer kalten kammer sitzen oder stehen, so ist die Empfindtlikeit der kelte so gross, das sie sich aufs Eüsserst klagen, ihre angegriffene glieder wellen ihnen verfriehren, vndt Es seie nit anderst, als wan sie auß lauther Eiss bestuondten oder in daß Eiss Eingegraben wären.

Gleichwie disser Ellende zustandt, wan ihmme durch gehörige mittel nit vorgebogen wirdt, in grösse der schmertzen vndt übrigen bössen accidentien allezeit mehr zunihmmet, also frist er auch vmb sich, vndt dringet allezeit mehr dem leib zu, in demme nach dem angefochtenen finger die handt, nach disser der armb vndt also vort an den anderen gliederen mehr zu reden angegriffen werden, biss

Lestlichen der kalte brandt sich in den leidenten Theil ziechet vndt den selben gäntzlich ertödtet, worauf disser anfangt zu faulen vndt vor sich selbsten von dem übrigen leib abfallet. Wan aber disser kalte brandt noch nit vorhanden, werden die arme Patienten leicht curiert.

§ 98. Ein Text, verfasst von Dr. Kappeler 1727, siehe § 57.

Nachdemme auß Hochgebietentem Gnädigem befelch ordentlich uon denen Geschwornen Medicis und Chirurgis auff heüt seind beschauen worden: Erstlich Anna Mr. Meyer, sonsten die Lindenfelderin, ihreß alterß 50 jahr, hat man befunden, daß sie mit einer Salvo omni respectu scabie foeda per totam regionem abdominis seither zwey jahren ungefahr behafftet, welche außschlechte aber nicht unheilbar befunden worden, sonderen daß solche könne annoch gehoben werden, doch anderst nicht, alß durch eine ordentliche Salivation cur; Die Lisabeht Foster aber, ihreß alterß 29 jahr, die mit exedentibus ulceribus circa collum et maxillas behafftet, darbey die glandulæ colli meistentheilß alle scirrhos und deren gantzer Leib mit einer uerdorbener cacochymia eingenommen, schwerlich in integrum sine metu recidivarum zu curieren sey, sonderlich auß demme, weilen würcklichen die maxilla dextra schon uon einer langer Zeit her cariosa ist, in welchem fahl dan die salivation zu kurtz ist, eine uollkommene heilung zu uermögen; Dahero da dergleichen Vlcera maligna ohne gefahr eineß contagij nicht seind, sie, die fosterin, uon gesunden abzusönderen, nohtwendig erachtet worden, auch daß Mit einer anständigen ordnung der speisen und einiger hilff der remediorum zu Zeiten ihre beygesprungen werde, um damit solche vlcera nicht nach und nach daß gantze angesicht und den inerlich- und eüsserlichen Halß anfressen.

D. den 31 Januarij 1727,

M A Cappeler Collegij Med.,
Vice Decanus.

§ 99. Ein Text, verfasst von einer wenig gebildeten Persönlichkeit 1729. Schreibfehler und schlecht konstruierte Sätze. Siehe § 57 und § 72.

Sit Nomen Domini Benedictum. Vff begähren vnsers Hoch geachten Jkhr. Lant vogts dises wenige zue berichten: Wegen des vich prestens haben Ich In nachfrag dis von bärnern vernomen: 1. der wasen Meister von öntzigen seie ein gesteckt worden, er habe die weiden vergifftet. 2. In der klus seien 20 haubt dem ober vogt Inerthalb 24 stunden gefahlen. 3. Zue arwangen lasent sey niemand vber die brug pasieren ohne audentischen schein. — In noch Meerer Nachfrag von den vnsrigen vnd von bernern sole obgesteltes keines wahr sein. — Von zweien burger von solothurn, vff zweien pfärten vff malters geriten, haben gesagt, es seie bey 7 oder 8 stunden weit von Ihnen vff täl spärg hinden etwas wenigs geschächen. Von ober dorff, ein stund von solothurn haben Zwey manen gesagt, sei wüssen weder vil Noch wenig von solches sachen. Mit einem wort, ein Mohl noch bis da hin hab Ich kein rächtes In Viciertes ohrt nicht erfragen könen; einige sägen, es seie bej dornach; andere sagen, es seie Im bischoff biet gägen brunen thrut; andere sagen, es seie vor etwas Zeits Zuo pip vnden Im bärngebiet etwas der gestalten gsein, haben aber schon langist nüt mer dar von gehört. ops sich vff[1] *jm bärn gebiet wil gar niemant von solchem nichts wüssen. Dises ist für dismohl zue zeigen, bis vff weiters zuo vernämen vnd nach zuo fragen — welches mir der wächter, der bey der Cappelen vff der Hut wiler allmänd, wo beide strossen ligen, wacht haltet, angesagt hat. Wohl geEhrter herr klein weibel, Ihr könts dem Junkher also vorbringen oder der Zedel selbsten zuo lässen geben.*

Von mir, weibl Caspar Hodel In vffhusen, den 23 tag Augsten 1729.

§ 100. Ein Text, verfasst von Lang jr. 1745. Siehe § 57.

Luzern, den 13 Jul. 1745.

Als ich auff gnädigist ertheilten Befelch Meiner gnädigen Herren und Oberen den verwichenen Sambstag nach willisau und Schötz mich verfüget hatte, umb die ursachen derer in letsterem ohrt dahinfallenden Pferdten und horn-Vichs zu endtecken, so habe ich unter vorgestellter genauer untersuchung und überlegung der umbstände angemercket, das die ursach dißer üblen vornehmlich herzuleithen seye von einem vergifften Tau, so man Mihltau nennet, welches klährlich aus folgendem kan abgenommen werden: Es befindet sich Oberthalb Schötz

[1]) Der Aare entlang aufwärts.

ein große Allmend, die sich schier bis auff Ettiswyll erstrecket. diße liget sehr tieff mit uillen Höchenen allenthalben umbgeben, und hat hiermit einen sumpfftigen morastigen grund, ville mit stillstehendem faulendem waßer und kraüteren angefüllte kleine gräben, ist gegen Mittag und den warmen wind gantz offen, herentgegen vor dem Nord-Wind verschloßen. Es wird diße Allmend durch einen breiten, doch untieffen graben der länge nach in zwey Theil getheilet, welcher ebenfahls wie die kleine gräben bis oben an mit dergleichen morastigen stinckenden waßer und villen kraüteren angefüllet ist; der rechte Theil von dißer Allmend, von Schötz hinauffgehend, ist dißes Jahr der verschreite ohrt, wo das Vich krank werden solle, da herentgegen der lincke Theil uon dißen üblen dißes mahl befreyet ist. Damit nun aus der beschreibung des üblen lagers dißer allmend desto beßer die ursach der kranckheiten des Vichs, nemlichen die schädliche würckung des Mihltaus, möge angemercket werden, so setze ich kürtzlich zum Voraus an die beschaffenheit des gemeinen Taus, welches nichts anders ist, als ein Von der wärme und Strahlen der Sonnen des dags aus der erden in die lufft hin auffgezogener wässeriger dunst, so vornemlich im frühling zu nachts durch die kälte der lufft sich verdickeret, und hernach bey ankommenden kühlen Morgenlüfftlein sich an die kraüter und baüm in gestalt kleiner Tropffen anhencket. Gleich wie nun die Erden an einem ohrt nicht so beschaffen ist, als wie an dem anderen, so folget, das die aus dißer auffsteigende dünste und folglich das Tau selbsten nach der verschiedenheit der Erden auch nicht einerley seyn werden. Zum exempel ein sumpftiges morastiges Erdrich wird dickere und stärckere ausdünstungen haben, als ein Trocknes land, weiters, ie mehr ein solches sumpftiges morastiges ohrt stillstehendes faulendes waßer enthaltet, ia, ie mehr es den Warmen winden ausgesetzt ist, welche die poros der erden erweiteren, hiemit haüfferige dünsten verursachen, besonders, so zugleich warme regen auff ein solches land fallen, welche bis tieff in die erden hineintringen und die darinnen enthaltene scharpffe Zu Zeiten gar arsenicalische Sältzer starck aufflössen: ie bößere nun, ia gar gifftige ausdünstungen aus der gleichen Erdrich bey dag sich erheben werden, die hernach nothwendiger weiß durch die kalte lufft in der Nacht condensiert und, den pflantzen in gestalt eines zähen schleimigen Taus anhangende, selbe zugleich inficieren, vergifften, ia gar verwelcken machen. Dieße ausdünstungen seynd so schädlich, das sie öffters in dem von denen inficiert gewesenen kraüteren gemachten Heü verbleiben, Zu Zeiten wohl auch die lufft anstecken, und Menschen und Vich gefährlich werden können. Dergleichen exempel man schon ville mit grōstem Schaden der Menschen und des Vichs erfahren hat, besonders A° 1709 und 1716, ebenfahls in dem Willisauer Ambt, in welcher gelegenheit mein l. Vatter seel. das Tractätlein vom Kornzapffen Gifft geschriben hat. Dißes Mihltau nun ist zu einigen Zeiten mehrer oder weniger schädlich, nach demme mehrere oder wenigere vergifftige Sältzer durch obgemeldte ursachen in der Erden resolviert und mit den dünsten in die lufft gezogen werden. Man verspühret desselben üble würckungen fast iährlichen von dem May Monath An bis ausgehenden augst Monath, bald in dißer allmend, bald in anderen umbligenden Mößeren; Nachdemme nemblichen das Mihltau durch die bewegung des luffts ietz auff ein gewüßes stuck land allein, ietz auf ein gantze Landschafft zugleich fallen thut. — Aus nun angeführtem last sich leichtlich schließen, was für üble folgen nach sich ziechen werde der genuß derer mit solchem Mihltau inficierten Kräuteren.

§ 101. Ein Text, verfasst von einer gebildeten Persönlichkeit, Stadtschreiber Schwyzer-Willisau 1748, siehe § 57.

Anthoni knübüeller habe bey dem Rochi Zeder im krützstigen, kilchgang Hergißwyl geschaffet, vnd[1]*) Eins mahls mit dem selbigen nacher signauw in das berner Gebiet gangen,*

[1]) Ergänze: sei.

alwo der Rochi zu Einigen bekannthen männeren sich verfüeget; vnd haben mit Einander aldorthen von Einer alarunen geredet, welche der Rochi begert. da haben die berner geanthwortet, das seye nit für ihne, sie wollen ihmme Eine glüks hand zu haben; vnd so Er deren Eine habe, köne Er alle 4 wochen so vill nemmen, so vil Er in selbe gelegt. desen der Rochi zu friden gewesen; vnd seyen alle mit Einander forth gangen, vnd Er, Anthoni, hinden nach. Einige hatten steken, andere schauflen, Einer aber Einen Degen. In demme seyen sie an Einen haag kommen, und Etwas aus der Erden hervorgethan vnd in Ein Truklein [1]) gelegt, zu welchem der Rochi 25 gl seyner ausaag nach zugesetzt; worauf sie Ein pitschaft darauf gemacht vnd dem Rochi in seynem buosen heim zu tragen gegeben; worauf zuruckgangen vnd mit Einander getrunken, auch dem Rochi verbotten, vor 4 wochen das Truckli nit zu Eröffnen, sonst wurde alles wider Entfliechen. Da sie in dem ruckgehen waren, habe der Rochi gesagt, Er möchte gern wisen, ob seyn gelt noch darin were, das truklein geschütlet vnd keins mehr gespühret, darauf Eröfnet vnd gesechen, das kein gelt mehr darin ware; habe er gejammeret vnd gesagt, Er seye betrogen. Desen er, Anthoni, lachen müesen; darauf Er, Rochi Zeder, Erzürnt worden vnd gesagt, Er wolle die berner schon Leeren, Er habe Etwas, das sie ihme das gelt wohl wider bringen werden. was er aber gemacht, wise er, Anthoni, nicht.

§ 102. Ein Text, verfasst von Stadtschreiber Frener-Sempach (nicht sonderlich gebildet) 1760. Dazu eine Kopie dieses Textes, geschrieben von Kanzlist Gilli-Stadt Luzern. Gilli setzt den Frenerschen Text zum Teil in seine Schreibweise um, zum Teil behält er die Frenersche bei. (Er würde z. B. in einem von ihm verfassten Original nicht *witerß*, sondern *weiters* schreiben, etc.)

[1]) Schachtel.

Wir Schultheis vnd Rhatt der Statt Sempach, Thuont kundt Mänigklichen, wie daß der wohl Edell vester gesträng und wohl weißer Junckher Peter Ludwig schweitzer von buonaß, Ritter und seeuogt in Sempach vnd sursee, bey vns angehalten wägen vnßeren Statt brunnen, daß er auch gern dar von wolte, Mit bedingnus, daß Man in der Hültscheren ein Stockh solte vffrichten vnd beide brünen zuo sammen in Ein Tünckhell[1] *füöhren biß gägen sempach; da solle Man ein Theill Stockh Stehlen;*[2] *vnd er wolte den*[3] *sein Theill in die seuogtei füöhren — auff des obigen Junckhers anhalten hate M. H schultheis vnd Rhatt desen nit könen absein, vnd dem obigen Junckher sein begähren verwilliget, mit dem bedingnus, das, wan ein brunenquell abstiendte, das keiner vff dem anderen könne greiffen. Zum andern soll in der hültschern bey dem bach vor*[4] *ein stockh oder ein waßer Trog, wan es beßer wäre, gestelt wärden, Beyde brünen darin darin (!) zuo füöhren, biß gägen sempach, vnd vs der statt; wo es vor beide brünen Bequemlicher währe,*[5] *ein Theill Stockh gestelt wärden; vnd von dannen solle ein Jewilliger Junckher seeuogt das waßer, in gleichen Theill getheilth, in die seeuogtey füöhren. Ist aber auch vor behalten, das der junckher seeuogt die kösten der Mahlen allein, von einem Stockh zuo dem andern, vshalten,*[5] *als solches in Standt gestelt; vnd wan es sach wäre, das witers Mehr vom wätter oder sonsten daran zuo machen, an denen stöckhen vnd Tünckhlen, so sollen beide barteyen mit ein anderen die kösten vshalten und vergüötten; die Tünckhell an belangen (!), welche von einer Jeden brunquell bis in Stockh oder waßer Trog, vnd die, welche vom Theill Stockh zuo iedem brunen gehn, soll jeder Parthey zuo Erhalten schuldig sein. Es solle eine schrifft in der seeuogtey vnd Eine zuo sempach in der Statt Truckhen sein. so gäben zuo sempach den 30ten Heümoneth 1760,*

Hans Peter Frenner Statt schriber.

---

[1]) Deichel. [2]) stellen. [3]) dann. [4]) vornen. [5]) Ergänze: soll.

Wir Schultheiß und Rhat der Statt Sempach Thuend kundt Mänigklichen, wie daß der Wohl Edell Veste gestreng und Wohl Weyße Juncker Peter Ludwig Schwytzer von Buonaß. Ritter und Seevogt jn Sempach und Sursee, bey unß angehalten, wegen vnßerem Statt brunen, daß Er auch gern darvon wolte, mit bedingnuß, daß man in der Hültscheren ein stockh solte ufrichten und beyde brünnen zuo sammen in einen Tünckhel füehren, biß gegen Sempach; da solle man ein Theill stockh stellen; und Er wolte den sein Theil in die Seevogtey füehren. — Auf deß obigen Junckers anhalten hatte M. H. Schultheiß und Rhat deßen nit können abseyn, und dem obigen Juncker sein begehren verwilliget, mit dem bedingnuß, das, wan ein brunnenquell abstuende, daß keiner uf den anderen könne greifen. Zum anderen soll in der Hülscheren bey dem bach vor ein stock oder ein waßer Trog, wan eß beßer wäre, gestellt werden und von dannen solle ein jeweiliger Juncker Seevogt daß waßer, in gleichen Theil getheilt, in die Seevogtey füehren. Ist aber auch vorbehalten, daß der Juncker Seevogt die Kösten dermahlen allein, von einem stockh zu dem anderen, außhalte, alß solcheß in standt gestellt, und wan eß sach wäre, daß witerß mehr vonnöthen oder sonsten daran zu machen, an denen stöcken und Tüncklen, so sollen beyde Partheyen die Kösten außhalten und vergüötten; die Tünckell anbelangend, welche von einer jeden brunquell biß in stockh oder waßertrog und die, welche vom Theil-stockh zu jedem brunnen gehen, soll jede Parthey zu erhalten schuldig seyn. Eß solle ein schrifft in der Seevogtey und eine zu Sempach in der Statt Trucken seyn. So geben zu Sempach den 30ten Heüm. 1760,

Hanß Peter Frener
Stattschreiber.

§ 103. Text, verfasst von Pfarrer Schnyder 1772, siehe § 57.

Die Eisberge pflegt man Gletscher zu heißen; derer gehet eine ganze Ketten von Glarus durch Bündten Uri Unterwalden das Berner Gebiett und Wallis; sie gewinnen alle Jahre neüen Zuwachs; Die gröste Berge und die höchste seynd da, wo Bern Wallis und Uri und wo Uri und Bündten zusammen stoßen, als: der Gothard, Furka, Crispalt, Lukmanier. Den ersten hält man für den höchsten in Eüropa. Oben auf disen Bergen ist es allezeit kalt, und immer wehen die Winde. Der Paß, wo ein Paß darüber hingehet, ist gar oft gefährlich wegen den Lauwen. Die Lauwenen, ein schröckliches Phänomenon, thuen in allen Bergländern von dem Ligustischen Meere an bis an das Wallis und von dissem Thal bis in Tyrol Schaden. Fast aller Orten, wo Berge seynd, findet man nach dem Winter solche liegen, die denn nach und nach verschmelzen und hin und wieder die Gewäßer steigen machen. Man unterscheidet sie hauptsächlich in Windlauwenen und in Schlaglauwenen. Die erstere entstehen, wenn der Wind den Schnee zusammen treibet, seynd leichter und so gefährlich nicht; Die andere reißen sich von dem übrigen dicken Schnee ab, nemmen im fallen allezeit mehr und mehr zu sich, ballen ganz fest zusammen, rollen mit einem starken sausen und brausen, das von weitem wie der Donner tönet, fort, führen in der Geschwinde Bäüme, Steine, Häüser, Ställe, Menschen, Vieh und was sie antreffen, hinweg, und seynd in einem Augenblicke im Thal. Die Leüte legen sich oft auf den Bauch, laßen die Lauwen auf sich fallen und bleiben nicht gar selten einige Täge bedecket, bis die benachbarte Bauern, welche obligirt seynd zu graben, ihnen zu Hülfe kommen, und sie mehrmahlen lebendig noch herausbringen. Zu Zeiten haben die reisende das Glück, daß die Schneeballe ohne berüren über sie her und weiters hinab schießet. Die unten an einem solchen Berge sich befindende Dörfer leyden gar oft großen Schaden. Auf den großen Bergen stehn noch andere Berge, und an villen Orten, wenn man glaubt, jetz alles erstiegen zu haben, trifet man noch hohe Absätze, einen nach dem andern, oft gar noch weit sich herumziehende Thäler an. Hier als auch in den unten liegenden Thälern verursachen im Sommer die von den Felswänden, ja selbst auch von den Gletscheren zurück-

schlagende Sonnenstrahlen eine fast unerträgliche Hitze. Oft hat man heüt noch den Winter und morgens schon einen heißen Sommer, den wieder Winter und wieder Sommer, bis endlich ohngefähr im Junio ersterer gänzlich dem letstern weichen muß, doch vor Anfang des Septembris fängt er schon wieder an um die Herrschaft zu streitten, die er denn wohl über zwey Drittel des Jahres gänzlich behält. Es geschiehet an einigen Orten, daß man mit der einten Hand schon Blumen pflücken, mit der andern noch Schnee erlangen kann, oder daß man fast innerhalb einer vierthel Stunde von dem Frühling in den Sommer, aus diesem in den Herbst, und endlich gar in den Winter gelanget. An dem Fuße unserer ungeheüren Berge trift man dicke Wälder und fette Wiesen, auch hin und wieder gute Weinberge an. In der Höhe selbst hat es ville kleine Seen, aus denen Flüße und Bäche der Menge nach entspringen. Die Wolken erreichen die Spitze der hohen Berge gar selten, die Sennen oder wer immer sich oben befindet, können oft über das Wetter und Feüer des rollenden Donners hinsehen; da wollte ich den Philosophen manigfaltige Beweise zeigen, das der Strahl bey weitem nicht meistens aus der Erde herausschieße. Da kann man oft sehen, wie fünf- sechs- sieben- und noch mehrfache Wolken übereinander schweben. — Die Waßerfälle, ohne welche keiner diser Bergen ist, zeigen das prächtigste Aussehen, oft kan das Aug die Höhe derselben nicht erreichen, sie machen einen Staubregen im fallen und stellen den schönsten Regenbogenfärbigen Cirkel dar, wenn die Sonne darein scheinet. — Ville Äcker diser Gegend seynd durchaus mit Steinen beleget, das macht die Frucht nur beßer und ehnder Zeiten. Obs findet sich großen Theils im Überfluße. Aus den Birnen machen die Bauern, bevorab im Thurgau, guten Most, einiger Orten wird er mit Holzapfelmost vermischet, das giebet ihm eben kein schlimmen Geschmack, wenn man es nur nicht gar zu grob gemacht. Der Wein ist hin und wieder sehr sauer, doch für seinen täglichen Gebrauch trinkt ihn der Landmann mit Lust. Die gebrannte Wäßer, bevorab aus Kirschen, Zwetschgen, seynd seit etwas

Zeits stark aufkommen und verderben die Leüte. — Wilde Thiere hat es der Menge nach, doch was Hirschen, Wildschweine, Bären, und dergleichen schädliches Wildpret ist, laßt man in dem Lande nicht aufkommen, sondern tilget sie lieber bey Zeiten aus.

§ 104. Text, verfasst von F. X. Schnyder von Wartensee 1779, siehe § 57.

1779 Aktum den 24ten Wintermonats vor Mgghr. und Oberen eines hoch weisen Schul-Raths der stadt Luzern. — Nachdemme anheüt Mgghr. und Oberen eines Hoch-Verordnedten Schul-Raths sich versamlet, um über eint- und andere Schul-angelegenheiten abzurathen, haben Hochselbige einmüthig verordnet, wie folget, und zwar: $1^{\underline{mo}}$ solle von denen Hrn. Professoren der oberen Schulen nicht nur etwan einen (!) auctor den Schüleren vor- und abgelesen, sondern eine klare Explication mit gegensäzen, Exemplen und dergleichen über die behandlende Materie gegeben werden. $2^{\underline{do}}$ In den unteren Schulen solle die fleißige Unterricht in der Latinischen sprache wohl beobachtet und gar nicht verabsaumt werden.

$3^{\underline{tio}}$ In den niederen schulen sollen die örter[1]) nicht minder als vier mahl alle monat, in beyden Rhetoriken aber monatlich aufs wenigst zwey mahl, besezt werden.

$4^{\underline{to}}$ Alle Monat sollen die Hrn. Professores die schüler, welche im studieren nachläßig oder gar nicht tüchtig oder in den Sitten fehlbar seynd, in einer Nota dem Hrn. Præfect eingeben, damit solche vor Mgghr. und Oberen eines Hochweisen Schul-Raths, welcher sich alle erste Monntag eines jeden Monats nach mittag um 4. Uhr im Collegio versamlen wird, können vorberufen und jeder nach gestaltsamme der klag behandelt und angesehen werden.

---

[1]) Die Plätze nach dem Range.

5to und leztlichen sollen die Hrn. Professores alle drey Monat den ordinem doctrinæ ihrer schüler vor Mgghr. und oberen bey obiger gelegenheit zur Hochen Einsicht auflegen.

Fr. X. Schnider von wartensee
schul-Raths-Schreiber.

§ 105. Text, verfasst von einem nicht sonderlich gebildeten ländlichen Beamten 1788, siehe § 61.

betreffent wägen dem wuohren vnder dem littauwer stäg, bim blauw krud[1]) hat der Jerman Eggli Vber sich genomen, alwo das Dorenberg verpflichtet ist, allein zu wuohren.

Item betreffent vff dem gemein schachen,[2]) so Noch studen vnd holtz steht, soll der Eggli Recht haben zu hauwen vnd in die wuohr zu bruchen. das Vberig aber, so an Jetzo schon Vs gerütet vnd abgehauen ist, hat der müller Recht, solches Noch vs zu stocken.

Heinrich bury 1788.

§ 106. Ein kurzer Brief, verfasst von Dekan Mattmann 1795, siehe § 83.

Wohledler und Geehrtester herr Geuatter!

Die 29 gl 20 ß strafgeld, die ich neülich uon ihnen empfangen, hab ich heüt nach dem Gottes dienst nach der uorschrifft deren Ehrenden geschwohrnen in ihrem beisein ausgetheilet. wie sie uerlangen, überschicke ich ihnen die listen daruon, wormit die ehre habe, mich ehrerbietigist zu empfehlen und mit schuldiger hochachtung zu uerzeichnen,

Büron, den 12 Julij 1795
Ihr Mindister und ergebnister diener
C. L. Mattmann, Dec. und pf.

---

1) Flurname. 2) Wald längs dem Fluss.

§ 107. Kurzer Brief, verfasst von einem wenig gebildeten ländlichen Beamten 1796, siehe § 61 H.

Dem Hoch geachten Hoch vnd wohl wysen insonders Hoch vnd wohl gelehrtisten Junckher N N pfundt Zohler, des jnern Rhats Hoch lobl. stat luzern.

Hoch geachten Junckher pfundt Zohler!

Ich über schicke Ihnen Mein sohn Johannes Kost, vnd Ihnen zu wüsen Machen, das ich gesinet bin, auß dem Zohl hus zu gehen, dan ich hoffe, sy werden meinem sohn das Zohl ambt übergeben; Dan ich versichere sie, wohl versorgenth seyn, dan ich glaube, ich habe mich gegen meine gh. vnd oberen alzeit guoth verhalten, vnd ich hoffe, sie werden gegen vns das beste thuo.

Triengen, den 15ten Mey 1796,

Beschynt Johanes Kost
Zohler in triengen.

§ 108. Texte, verfasst von Felix Balthassar 1771/1800, siehe § 57.

Schreiben an Hrn. von Haller in Bern, eine flüchtige Übersicht der Luzernischen Litteratur enthaltend, im Jahre 1771.

Mein sehr Vehrter (!) Herr und Freünd!

Da ich Ihnen am vorletsten Post Tage versprochen, von der Lucernerischen Litteratur oder beßer zu sagen, von unsern nicht gar zahlreichen Gelehrten und berühmten Männern, einige flüchtige Nachrichten zu ertheilen, so ist es billig, das ich das gegebene Wort halte, so wenig zeit ich auch, wegen dermahlen aufhabenden wichtigen Amtsgeschäften, darzu finde.

Aber ich habe gleich jetz einen wichtigen Anstand, da ich nicht weiß, auf was für eine Art und mit was für einer Abtheilung ich Ihnen das jenige, was ich zu sagen habe, abfaßen und vortragen solle.

Das die Studien, die in hier von denen Jesuiten besorgt werden, bey weitem nicht so zwekmäßig eingerichtet seyen, wie es der Vortheil einer guten nüzlichen Erziehung erfordert, worbey das Herz so wohl als der Verstand für die ettwannige Bestimmung gebildet werden müßen, ließ sich ohnschwer erproben, ja liegt für sich selbst am Tage.

Eben so überzeügend wahr ist's, das es für eine Stadt oder den Staat von einem großen Nutzen wäre, wenn die eignen Bürger oder Landes Einwohner zu den Lehrstellen berufen und gebraucht würden, als die dardurch eine wahre Aufmunterung und einen eigentlichen Beruf erhalten, sich auf Künste und Wißenschaften zu verlegen, um sich zu dieser Absicht, in ihrer selbst eigenen Besten und Intereße, fähig und geschikt zu machen.

Das eben ist eine von den ursachen, warum unsre benachbarte mitverbündete Städte, Zürich, Bern, Basel, St. Gallen, Schaffhausen, etc., uns nicht nur an erleüchteten Gelehrten, sondern an Künstlern, an handelschaft und aller gattung arbeitsammer Inwohner, schon über zwey Jahrhunderte hindurch weit übertroffen haben — denn die Wißenschaften und ein aufgeklährter Geist sind die Quellen oder die Grundsäulen der Indüstrie, der Geschäftigkeit und der darauf ruhenden politischen Wohlfahrt. Das aber dieselben auch zuweilen, ja öffter zum Verderbniß Stoff und anlaß gegeben, ist ebenfalls nicht zu läugnen. Sie wißen, wie Rousseau das letstere zu behaubten versucht, und es ist ganz gewiß, das die Gelehrsammkeit es nicht ist, die uns glüklich macht, wenn Sie nur einen speculativischen Geist und kein edles herz bildet, weil Sie denn zumahl mehr bewundernswerth als liebenswürdig ist.

Doch, wer will es wagen, das gewigt und das Maas der menschlichen Schwachheiten und laster, die der zu hohe Verstand oder die Tummheit in der Welt erzeüget haben, zu bestimmen? — Niemand, glaube ich. Der Verstand aber, Wiz und Kentniße werden indeßen immerfort und billig geschäzt und die Tummheit verdienter Maßen verachtet verbleiben. —

Allein ich vergehe mich und raisoniere, da ich Ihnen nur einige gelehrte Nachrichten zu liefern, Vorhabens bin.

Der Ursprung der Stift Münster und die Ursache darvon liegen allzutief in der Dunkelheit begraben, als das man etwas sicheres bestimmen kan. Wir wollen nichts desto weniger das, so man uns darvon erzehlet, in Kürtze anführen.

Bero oder Bernhardus, ein Graf von Lentzburg, soll der Stifter seyn und hat also auch daher den Nahmen Beronmünster bekommen. Die ursache darvon ware, das Berons einziger Sohn auf der Jagd von einem Bären, den er erlegt und doch unterlegen, sammenthaft und Creützweis über ein ander Tod liegend, auf eben dem Plaz, wo iezt die Stiftskirche stehet, gefunden worden. Das habe den betrübten Vater bewogen, zu Lob und Ehre Gottes, auch seiner und seines Sohnes heil, diesen geistlichen Bau anzulegen; und das hätte sich der gemeinen Sage nach um die Helfte des VIII. Jahrhunderts ereignet. Ich laße nun diese Erzehlung dahin gestellt seyn, weilen ich eben so wenig Gründe sie zu verfechten, als lust zu glauben habe. Wohl aber muß ich wieder die angenommene und bis dahin heilig geglaubte Meinung (Das lobw. Stift Münster hat sein Annum millenarium schon vor etwas Zeits gefeyert) behaubten, das die Münsterische Kirche nicht um die Helfte des VIII. Jahrhunderts, sondern wohl hundert Jahre spähter ihren Anfang gehabt. Wir trefen aber von dieser Zeit bis auf die neüe Vergaabung Ulrichs keine einzige Spuhr an, die uns etwas Lichts von der Beschafenheit und denen Zufählen dieser Stift mitheilen könte. Dieser lauf von 186 Jahren ist gäntzlichen mit Finsternißen bedeckt, und wir wißen nicht, ob wir dieselben denen wiederhohlten Verheerungen, die Münster einige Mahl erlitten, und viele Dänckmähler aufgezehrt, oder der unwißenheit und Barbarey, die in denen vorderen Zeiten aller Orthen den Meister spieleten, zuschreiben sollen.

Das solle ich noch im Vorbey gehen anzuregen nicht vergeßen, das Murner wärend seinem aufenthalt in Lucern eine eigene Drukerey sich angeschaft, und selbsten besorget, ein welches Ihme hier mit auch einen Rang unter denen gelehrten Buchdrukern giebt.

In diesen Bänden findet sich eine Sammlung von Materialien und Dokumenten, aus denen ich vor Jahren das Museum Virorum Lucernatum famu et meritis illustrium verfaßet hatte. Es sind alles Excerpta und mühesam zusammen getragene Bruchstüke und Anmerkungen, die zu umständlichen und angenehmen Lebensbeschreibungen Stof darreichen, so das man sich schmeicheln darf, über kurz oder lang, bey dem vernünftigen Theil seiner Mitbürger Dank und Lob zu verdienen. Die Fragmenten enthalten meist unbekante historische facta, Karakter Schilderungen, auch Dokumenten, die für die Familien und Geschlechter, wie auch die vatterländische Geschichten Kunde selbst, intereßant und des Aufhebens werth sind. — Die Thaten und Schiksale auch einzeler Männer, die bey ihrem leben eine bedeutende Rolle gespielt hatten, sind dem Geschichts Forscher immer willkom, denn Sie liefern Stof, woraus die Geschichte und die handlungen eines Volks Licht und Aufschlüße erhalten kan. Man lehrt die Zeiten kennen und auch die Grund Ursachen gewißer oft unerklärbarer Ereignißen klären sich zuweilen auf.

§ 109. Aus Krauers Tragödie „Hannibal“ 1802, siehe § 57.

Hannibal, ein Schauspiel in drey Aufzügen. Erster Aufzug: Eine Gegend am meere, wild und Einsam, Ruinen eines zerstörten Schlosses. Nacht.

Erster Auftritt: Hannibal, Nikomedes. — Sie landen auf einer Barke. Hannibal auf dem schiffe, zurück gewendet, zu den schiffern: Hinter jenem dikigt dort haltet euch bereitet auf das Zeichen, wenn eine Gefahr bevorstünde, dann von der See her uns zum Beystand! Dort ist in jener Schlucht der kern unsrer Leute verborgen: wir sind genugsam bedeket, Prinz. — Verzeihe Vaterland, daß ich mit einer solchen Vorsicht dich betretten muß, als wenn ich mich in ein feindliches gebiet wagte — steigt aus dem schiffe — sey mir gegrüßet, mütterliche Erde, gegrüßt nach der abwesenheit so vieler Jahre. Empfänge (!) einen sohn, der itzt kömmt aus jener dienstbarkeit dich zu befreyn, vor welcher zu bewahren die götter ihm nicht gegönnet haben. O daß du diese Tage deines Glükes erkennest! daß sich deine Augen öffnen, daß du dein angebettetes Rom in seinem wahren Lichte kennen lernst, hassen, verwünschen lernest, aufwachen mögest, um seine stelle, wenn es möglich wäre, von dem Erdboden auszutilgen. höret mich, götter, wenn ihr je der sterblichen sorget, höret mein gebett, erfüllet zum besten des Erdkreises meine wünsche. — Zu Nikomedes: schaue herum, Prinz.

Nikomedes: ist dieses deine berühmte Burg, Hannibal, diese schrecklichen Ruinen?

Hannibal: Du siehest ein werk der Römer.

§ 110. Aktenstück, verfasst von Renward Brandstetter 1804, siehe § 57.

Luzern, den 28ten Februar 1804.

Der Erziehungs-Rath des Kantons Luzern
an
Die Hochgeachtet Hochgeehrteste Herrn Schultheiß kleine und große Räthe deßelben.

Hochgeachtete
Hochgeehrteste Herrn!

Ihr vollkommener Beyfall, mit welchem Sie unsere Arbeit beehrten, erweckte in uns die süsesten Gefühle des Dankes, welchen wir mit diesem Ihnen abzustatten kommen.

Ja, wir können sie schöpfen, die bestimmte Versicherung, daß es die Regierung ihrerseits an dem gehörigen Nachdruck und Unterstützung nie wird mangeln laßen. Ihr weißlich über unsere Vorschläge abgefaßter Beschluß ist uns Bürge dafür. Muthig, mit dem nämlichen Eifer, der uns bishin beseelte, werden wir auf der angetrettenen Bahn fort wandeln, wir werden uns bestreben, des Zutrauens, das Sie in uns sezten, uns immer würdiger zu machen. Und mögen auch Hinderniße bey der Ausführung des Guten sich uns entgegensetzen, wir können getrost uns an Sie wenden, versichert, daß Sie, Landesväter, mit Kraft solche aus dem Weg räumen werden.

Genehmigen Sie unsere vollkommene Hochachtung,

Im Namen des Erziehungs-Raths, der Präsident und Alt-Schultheiß

[Krus].
Brandstetter Secretaire.